산골 마을의 선교사

키르기스 무슬림을 사랑한 사람, 안드레이 피터스 이야기

산　골
마을의
선교사

초판 1쇄 인쇄 2023년 1월 20일
초판 1쇄 발행 2023년 1월 30일

지은이 안드레이 피터스
옮긴이 황이삭

펴낸이 조현철
펴낸곳 카리스
출판등록 2010년 10월 29일 제406-2010-000097호
주소 경기도 파주시 청석로 300, 924-401
전화 031-943-9754
팩스 031-945-9754
전자우편 karisbook@naver.com
총판 비전북 (031-907-3927)

값 17,000원

© 안드레이 피터스, 2023

ISBN 979-11-86694-11-4 03230

키르기스 무슬림을 사랑한 사람, 안드레이 피터스 이야기

산　골
마을의
선교사

안드레이 피터스 지음

황이삭 옮김

카리스

온 세상을 창조하신 후 하나님은 각 민족이 살 땅을 나눠주시기 위해서 모든 민족을 불렀습니다. 그런데 그 중요한 날에 키르기스 사람은 그만 늦잠을 자고 말았습니다. 잠에서 깨어난 그는 자신이 매우 중요한 순간을 놓쳤고, 그 때문에 자신이 거주할 수 있는 땅이 더 이상 없다는 사실을 알게 되었습니다.

그는 하나님께 매달리며 애원했습니다.

"하나님, 당신이 모든 민족에게 땅을 나눠 주셨지만 저는 받지 못했습니다. 제가 어디에서 살아가야 할까요? 저에게도 땅을 주세요."

인자하신 하나님은 키르기스 사람을 불쌍히 여기며 이렇게 말씀하셨습니다.

"땅 분배는 이미 끝났고 더 이상 나눠줄 땅이 없단다. 다만 내가 사용하려고 남겨놓은 아름다운 정원이 있는데…. 그것을 너에게 주마."

- 키르기스 전설

나린Naryn, 하나님이 사랑하시는 땅

굽이치는 강 위로 산들이 이어지는 곳

친절하고 소박한 민족의 터전

달 아래 코무즈[1]의 소리가 울려 퍼지는 곳

너는 실로 키르기지아[2]의 시베리아[3]구나

산 위에서 맞는 겨울

혹독한 추위

차판[4]을 입은 어른들이

뒷짐 지고 천천히 걸어가는 곳

말린 쇠똥[5] 연기가 협곡 사이사이

눈 덮인 유르트[6] 위로 퍼져가는 곳

빵처럼, 그리고 빵과 함께 마시는 차처럼

소박한 삶을 살아가는 곳

서두르는 법이 없는 사람들의 땅

---

1. komuz; 3개의 현으로 이루어진 키르기스의 전통 악기
2. Kirghizia; 키르기스스탄의 이전 이름(=Kyrgyzstan)
3. 구소련 당시 키르기스스탄은 키르기지아로 불렸다. 저자는 매우 추운 나린 지역을 '키르기지아의 시베리아'라고 표현했다.
4. chapan; 키르기스의 길고 두툼한 겉옷
5. tezek, 건조 분뇨 연료
6. yurt; 이동용 천막

주님,
이곳에 있으면 나의 모든 걱정이 사라집니다
이 민족에게서 아버지와 같은 친밀함을 느낍니다
당신을 향한 믿음은 이곳에서
부드러우면서도 강하게 산과 사람들을 움직입니다

추천사 1
키르기스를 사랑하고 젊음을 쏟아부은 선교사

안드레이 피터스, 나는 그를 여러 번 만났습니다. 그리고 그가 양육했던 몇몇 형제들을 초창기부터 곁에서 지켜보는 특권을 누렸습니다. 그는 참으로 평범하고 이웃집 아저씨처럼 소박한 사람입니다. 그가 하나님의 사랑을 전했던 키르기스 형제자매들에게는 믿음직한 형님이나 오빠처럼 느껴지는 사람입니다. 그는 키르기스인들이 주님께 돌아오도록 기도했고, 주님이 보내신 나린 땅에서 주님과 생명의 복음을 전하기 위해 헌신했던 사람입니다. 하나님은 평범한 그를 불러 키르기스 민족을 위해 큰일을 이루게 하셨습니다.

안드레이 피터스는 독일계 러시아인으로 1955년 비슈케크^{Bishkek}에서 30킬로 떨어진 마을의 경건한 기독교 가정에서 태어났습니다. 그는 13살 되던 해인 1968년에 주님을 영접했습니다. 비록 신학교를 다니거나 선교 훈련을 받은 적 없지만, 오지인 나린에서 사역을 시작했습니다. 1985년 아내 이리나^{Irina}와 함께 어린 딸을 데리고 키르기스 무슬림들에게 복음을 전하기 위해 나린 땅을 밟았습니다.

하나님은 피터스 부부에게 키르기스인을 향한 사랑의 마음을 가득 채워 주셨습니다. 안드레이는 오로지 기도와 말씀을 통해 하나님의 뜻을 묻고 그분의 인도하심에 순종하며 따라가는 사람이었습니다. 나린에서 그는 전기 기사로 일하면서 몸으로, 삶으로 하나님의 사랑을 나누었습니다. 마치 암탉이 알을 품듯 아버지의 사랑으로 키르기스 민족을 품었습니다.

우리 가족이 1991년 한국을 떠나 키르기스에 도착했을 때 우리가 빌려 쓰던 러시아 정교회 예배당에는 주일 오후에 따로 모여 예배드리던 스무 명 남짓한 키르기스인 그룹이 있었습니다. 이들 가운데 리더로 있던 형제들은 나린에서 온 안드레이의 제자였습니다. 이처럼 그는 키르기스인 복음화에 있어 중요한 역할을 했습니다.

이 책은 2부로 구성되어 있습니다. 1부는 주님의 은혜를 깨닫고 주의 사랑에 매여 가족과 함께 선교사로 나린 지역에서 살면서 수많은 어려움 가운데 기쁨으로 주님 주신 사명을 감당한 이야기로 엮었습니다. 2부에는 키르기스 무슬림들과 함께 살면서 낯설었던 키르기스 문화에 적응하면서 그들에게 효과적으로 복음을 전해온 그의 사역 경험에서 나온 수많은 지혜들이 담겨 있습니다.

안드레이는 자신과의 싸움, 아내의 연약한 건강, 그리고 선교 사역에서 오는 스트레스 때문에 좌절하고 절망한 적이 많았습니다. 그때마다 그는 기도와 말씀 그리고 앞서간 선교사들의 전기를 읽으면서 도전을 받고 새 힘을 얻었습니다. 이 책 또한 주님의 부르심을 받고 사역 현장에서 고군분투하다가 좌절하고 낙심하는 동역자들을 일으켜 세워주고 그들에게 큰 위로와 소망을 제공할 수 있기를 소원합니다. 금번에 이 소중한 책이 한국어로 출간될 수 있어 너무나 기쁘고 감사할 따름입니다. 모쪼록 이 책이 주님의 사랑을 전하기 위해 열방으로 흩어진 선교사들과 민족을 품고 기도하는 모든 분들에게 읽히고 그들의 심령에 다시 부흥의 불을 일으키기를 소원합니다.

안드레이 피터스, 그가 사랑하고 젊음을 쏟아부었던 키르기스 땅에서 복음화를 위해 간절히 기도하며 애쓰는 황남주 선생 부부와 이 책을 번역하느라 수고한 믿음직한 아들 황이삭에게 주님의 은혜가 더욱 넘치기를 기원합니다. 이 소중한 책을 통해 많은 분들이 열방을 구원하길 원하시는 주님의 마음이 되살아나기를 바라며 일독을 추천합니다.

키르기스 민족이 온전히 구원되기를 소원하며,
오요셉 선교사

진정 키르기스를 사랑하는 키르기스인의 친구

안드레이 피터스는 나의 아주 오랜 친구입니다. 1993년 키르기스스탄 땅을 밟고 키르기스인의 결혼식에 가서 가까운 형제로부터 소개받았습니다. 그때 그는 이미 많은 사람들에게 키르기스 민족을 처음으로 제자 삼은 인물로 알려져 있었고, 그에게 말씀을 배워 예수님의 제자가 된 후 나린에서 비슈케크로 와서 열심히 사역하는 그리스도인들이 있었습니다. 몇 년 후 그와 함께 이식쿨Issyk-Kul로 동행하게 되었고, 이후 자주는 아니지만 독일에서 키르기스로 방문할 때마다 연락이 되어 제자들이 있는 곳을 함께 방문하곤 했습니다.

안드레이는 이 책 외에도 다른 몇 권의 책을 집필하여 내게 선물해 주었습니다. 특히 문학과 음악적 재능이 뛰어나서 기타 하나만 쥐여 주면 즉시 작사와 작곡을 해서 키르기스에 주신 하나님의 은혜를 노래하곤 했습니다. 그는 진정 키르기스를 사랑하는 키르기스인의 친구입니다.

몇 살 더 형님이지만 나와는 죽이 잘 맞는 친구였습니다. 내가 생각하는 제자도와 조금이라도 차이가 생기면 상당히 많은 시간 동안 조율하면서 아니, 내가 조율당했다는 말이 맞을 듯합니다 마지막에는 함께 기도하고 감사하면서 마무리했습니다. 내가 사역하는 곳에 올 때면 어떻게 이렇게 할 수 있느냐고 하면서 늘 많이 격려해 준 친구입니다.

이 책에는 몇 가지 중요한 메시지가 있습니다. 첫째, 선교사로 부름을 받은 이들이 그 부르심을 확인할 수 있는 요소입니다. 둘째, 선교사의 삶이란 결국은 예수님의 삶이라는 것입니다. 셋째, 끊임없이 자신을 쳐서 복종하는 예수님을 닮는 삶이란 무엇인가 하는 것입니다. 안드레이는 앞서간 허드슨 테일러James Hudson Taylor나 브루스 올슨Bruce Olson이 무엇에서 선교사다웠는지 너무나 잘 인지하고 살아가는 사람입니다. 즉 '예수님처럼'입니다.

마지막으로 만난 지 벌써 3년이 지나갑니다. 속히 만나고 싶은 사람 중 한 분을 이렇게 추천사로 만날 수 있다는 것만으로도 감사합니다. 오랜 지인인 황남주 목사와 이성 사모의 아들 황이삭이 이렇게 번역했다니 너무나 기쁩니다. 우리 선교사의 자녀가 이렇게 멋있게 자라나 준 것이 너무 대견합니다. 앞으로도 좋은 책을 번역해서 많은 독자에게 유익을 끼치길 축복합니다.

이주형 목사 | 부산 사상교회 담임

더불어 살며 삶을 나누고 집과 마음을 여는 선교

안드레이 피터스는 키르기스에서 태어난 러시아인으로 키르기스에서 자라고, 독일교회 공동체로부터 이슬람을 위한 선교사로 보냄을 받았습니다. 키르기스인들 속에서 평범한 선교사로 살면서 그들을 제자로 삼았으며, 키르기스인들에게 가장 많은 영향력을 끼친 살아 있는 전설이라 할 수 있는 선교사입니다.

1968년에 13살 때 예수님을 영접한 후부터 지금의 칸트Kant에서 조금 더 가면 고대 유명한 기독교 유적지인 크라스나야 레치카Krasnaya Rechka; 붉은 강이라는 말이지만, 아름다운 강이라는 의미가 담겨 있다 지역의 건초더미에서 기도하기 시작했습니다. 주님이 주신 이슬람 사람들을 사랑하는 마음으로 1985년 6월 나린에 도착했을 때 그의 신분은 선교사였습니다.

회심하고 난 후부터 자연스럽게 복음을 전하기 위해 자신의 직업이었던 전기 기사, 즉 아파트의 전기 배선을 수리하고 계량기가 없는 집을 찾아다니면서 계량기를 달아주는 일부터 시작했습니다. 그는 이미 만나는 이웃들마다 좋은 관계를 형성하여 복음을 전하는 비즈니스선교사BAMer였습니다. 안드레이는 처음부터 신학을 배운 후 선교사로 간 것이 아니라 그의 신앙과 삶을 교회 공동체가 인정하였기에 같은 키르기스 안에서 선교사로 보내졌습니다. 당시는 구소련 시절이기도 했지만, 복음을 들은 러시아인들의 키르기스인에 대한 인식은 확연히 달랐습니다. 같은 나라였지만 서로를 이방인으로 받아들였고, 같은 나라였지만 선교사를 파송할 만큼 당시 나린 지역은 열악한 선교지였습니다.

이 책에도 언급되어 있지만 당시 키르기스의 6개 주에 세워진 교회는 있었지만 그것들은 독일인과 러시아인을 위한 교회였습니다. 키르기스인들을 위한 교회는 단 한 군데도 없었고, 그 교회에는 키르기스인이 한 명도 없었다는 것이 그 증거입니다. 안드레이 피터스는 이런 부담을 갖고 당시 가장 어려운 지역이었던 나린 지역에 선교사로 가서 살았습니다.

안드레이 선교사와 나는 개인적으로 친밀했습니다. 내가 개척한 키르기스인들을 위한 키르기스중앙교회에 와서 설교하기도 했고, 함께 교제하면서 서로 격려를 주고 받았습니다. 그가 키르기스 변방 중의 변방에서 복음을 전했다면 나는 키르기스 수도 변방에서 복음을 전했습니다. 이 책에 언급된 복음을 들은 키르기스인들은 나도 잘 아는 형제들이며, 이들은 이제 키르기스 교회의 리더가 되었습니다. 내가 지켜본 안드레이는 늘 온화한 사람이었고, 누구보다 키르기스인들을 많이 사랑한 선교사였습니다.

이 책은 그때나 지금이나 가장 땅끝인 나린 땅에서 한 영혼이 어떻게 주님께 돌아오는지 수많은 경우들을 기록한 것입니다. 단순한 기록을 넘어 안드레이의 삶 속에서 고난을 몸으로 받아낸 기록이기도 합니다.

중앙아시아의 유목민과 무슬림을 위해 기도하고 선교하는 교회와 선교
사라면 반드시 읽어야 할 책이기에 일독을 권하며 추천합니다.

안드레이 피터스는 선교를 이렇게 정의합니다.

"키르기스 민족과 더불어 살며, 삶을 함께 나누며, 우리 집과 마음을
그들에게 여는 일 말고는 내가 할 수 있는 일이 없었습니다. 그것이 나
에게는 선교였습니다."

나는 다시 이 책을 읽고 추천사를 쓰면서 식은 나의 가슴이 뜨거워지
는 경험을 하고 있습니다.

2022년 12월 키르기스에서

최갈렙 선교사

들어가며

　이 책을 쓰게 된 것은 키르기스 형제들의 요청 때문이었습니다. 나는 키르기스스탄의 외딴 산골 나린에서 일어났던 복음주의 운동의 시작에 대해 이야기하고자 합니다. 당시 나는 주님의 부르심을 받고 그곳에서 사역하고 있었습니다.

　하나님은 성경뿐만 아니라 선교사들의 자서전 등 다양한 신앙 서적들을 통해서 나의 속사람을 성장시켜 주셨습니다. 책을 읽으면서 그저 감탄하고 기뻐했습니다. 선교 사역 가운데 어려움과 마주할 때마다 바울 사도의 삶과 중국의 허드슨 테일러와 콜롬비아 밀림의 브루스 올슨의 삶을 읽으면서 전도자의 삶에 대한 생생한 도전을 받았습니다. 그리고 그로 인하여 다시 살아갈 힘을 얻을 수 있었습니다.

　미약하나마 이 책이 미래 선교사들에게 위로가 될 수 있다면 너무나 감사하고 좋겠습니다. 추수하는 주인의 부르심을 받아 사역을 하면서 이 거대한 과업에 비추어 스스로가 한없이 미약하고 작게 느껴지는 동역자들에게 큰 격려가 되기를 바랍니다. 또 나의 이야기를 읽은 키르기스 형제자매들이 다음으로 그들 자신의 이야기를 써 내려가기를 기대하며 축복합니다.

안드레이 피터스

먼저 한국 교회와 한국 선교사들에게 감사의 말씀을 전합니다. 키르기스스탄이 러시아로부터 독립한 초창기에 한국 선교사들은 중앙아시아의 무르익어 추수하게 된 들판으로 돌진해 왔습니다. 키르기스스탄에 임할 하나님 나라를 꿈꾸며 충성스럽게 섬기고 있는 한국 교회와 선교사들에게 감사를 드립니다.

키르기스인들에게 복음을 전하라고 하나님이 나를 부르셨을 때 구소련에서는 선교사로 훈련받을 기회가 전혀 없었습니다. 대신 하나님이 나에게 주신 것은 키르기스 민족을 사랑하는 마음이었으며, 그것이야말로 가장 중요한 것이라고 믿습니다. 우리는 먼저 우리의 삶을 나누고, 그다음 우리의 믿음을 나누었습니다.

내가 나린에서 사역하던 때로부터 많은 시간이 흘렀고, 키르기스스탄은 많은 면에서 달라졌습니다. 하나님은 다양한 시간에 다양한 방식으로 일하십니다. 그러므로 우리가 서로를 모방할 필요는 없다고 믿습니다. 그럼에도 꼭 나누고 싶은 것은, 하나님이 먼저 우리 안에서 일하신다는 것입니다. 하나님은 우리를 먼저 당신의 사람으로 훈련하여 세우시고 하나님의 사람으로 선 우리를 통해서 일하고 계십니다. 세상을 변화시키기 전에 먼저 우리를 변화시키시는 것입니다. 그래서 항상 인격과 성품은 은사와 재능보다 더 중요합니다.

이 책을 통해 하나님을 섬기고 그분을 따르는 모든 사람들이 격려받을 수 있으면 좋겠습니다. 이 책이 한국어로 번역되어 출판될 수 있도록 수고해 준 황이삭에게도 감사드립니다.

2022년 12월
안드레이 피터스

차례

1부

2부

ⓒ 박군서

1부

작별인사

잃어버릴 수 없는 것을 얻기 위해 가질 수 없는 것을 내어주는 사람은 지혜
로운 사람이다.

－ 짐 엘리엇Jim Elliot

비가 추적추적 내리던 6월 어느 날 밤, 짐을 잔뜩 실은 러시아산 카마
스Kamaz 트럭이 톈산산맥天山山脈을 향해 올라가고 있었습니다. 그 트럭
안에는 긴장감과 기쁨 그리고 미지의 세계에 대한 기대 등 여러 감정으
로 얽힌 복잡한 마음의 두 사람이 있었습니다. 나와 아내 이리나였습니
다. 산길을 천천히 오르던 트럭은 오르막길이 영 부담스러운 것 같았습
니다. 우리는 딸 마그달레나Magdalena와 함께 운전사 옆 조수석에 꽉 끼
어 앉아 복잡한 감정을 달래고 있었습니다.

우리는 부모님의 집과 사랑하는 교회, 그리고 마지막 순간까지 나린
으로 떠나는 이유를 이해하지 못하는 친구들을 남겨놓고 왔습니다. 그
들은 우리 가정을 위해 너나 할 것 없이 함께 모여 기도해 주었고, 따뜻
한 인사와 함께 우리를 축복해 주었습니다.

친구 그리샤 딕Grisha Dick은 가끔 먼 산골까지 짐을 운송하던 트럭 운전사였는데, 나린까지 태워주겠다고 했습니다. 다른 친구 야샤 켈러 Yasha Keller는 떠나기 전날 우리 집에 와서 몇 안 되는 짐을 싸서 트럭 짐 칸에 실린 통나무 위로 싣는 걸 도와주었습니다.

밤 12시에 나린을 향해 출발하기로 계획하고 분주히 몇 가지 남은 일을 마무리하고 있을 때 뒤뜰에서는 여전히 사람들이 우리를 기다리고 있었습니다. 우리의 목회를 응원하면서 늘 도움을 주던 친구들을 향한 사랑은 작별의 순간이 다가올수록 점점 더 크게 느껴졌습니다. 이제 정든 그들을 떠나 낯선 여정을 시작해야 합니다. 곧 무슬림 키르기스인들을 위한 선교의 여정입니다.

1985년에 고르바초프가 새 서기장에 취임하면서 소련에는 민주주의 바람이 불기 시작했습니다. 교회 장로님들은 수십 년간의 박해를 견뎌 냈고 이제 평화롭게 모여서 살 수 있게 되었다며 키르기스스탄의 상대적인 자유에 기뻐했습니다. 그런데 먼 산골로 가겠다는 나의 결정을 이해하기란 어려웠습니다. 특별한 송별회나 파송예배 없이 떠나야 할 상황이었지만 동역자들의 기도는 큰 힘이 되었습니다. 그동안 정들었던 교회 공동체를 떠나 새로운 땅 나린으로 가려는 우리의 결정에 대해 교회와 부모님이 반대하지는 않으신 것만으로도 큰 축복이었습니다. 물론 우리를 정신 나간 사람으로 보는 이들도 있었지만, 사람들의 시선은 그다지 중요하지 않았습니다.

5년간 기도하며 기다려왔던 이 날은 나의 간절했던 바람이 이루어졌을 뿐만 아니라 오래전 내게 하신 하나님의 약속이 이루어진 날이기도 했습니다. 우리는 키르기스 사람들, 만난 적이 없었지만 이미 깊이 사랑하고 있던 그들을 직접 만나기 위해, 그리고 함께 살기 위해 산골 마을 나린으로 향하고 있었습니다. 우리는 그들과 더불어 생활하면서 구원의 복음을 전할 수 있기를 소망했습니다.

늦은 밤, 끝없이 이어지는 산길에서 아내 이리나와 딸 마그달레나는 옆에서 곤히 잠들어 있었습니다. 그러나 나는 복받쳐 오르는 뒤섞인 여러 감정 때문에 잠을 청할 수 없었습니다. 나린 땅으로 출발하기까지 지나온 삶의 모든 순간순간이 생생히 떠오르는 밤이었습니다.

예수님을 만나다

하나님은 무에서 유를 창조하신다. 그가 우리로부터 무언가를 창조하기 위해서는 먼저 우리를 아무것도 아닌 존재로 만드셔야 한다.

– 쇠렌 키르케고르

1968년 내가 예수님을 마음속으로 영접했을 때 13살이었습니다. 우리 가족은 1946년에 키르기스스탄으로 이사한 후 줄곧 크라스나야 레치카krasnaya rechka 지방에서 살았고, 나는 이 곳에 위치한 독일인 마을인 오렌부르크Orenburg주에서 태어났습니다. 부모님은 기독교 신자에 대한 박해를 피해 독일에서 카자흐스탄으로, 그다음에는 키르기스스탄으로 떠나와야 했습니다. 당시 중앙아시아 국가들은 기독교에 대한 박해가 심하지 않았기 때문입니다.

신실한 기독교 가정에서 나고 자라면서 부모님을 항상 존경했지만, 교회보다는 축구를 더 좋아하던 소년이었습니다. 주일이 되면 항상 일찍 일어나서 소 떼를 몰고 마을 밖 목초지로 가곤 했습니다. 부모님이 교회 가는 오전 10시까지 기다렸다가 가고 나면 얼른 집에서 축구화와

공을 챙겨 친구들이 기다리는 축구장으로 신나게 뛰어가곤 했습니다.

어머니는 성경의 한나처럼 내가 태어나기 전부터 하나님께 드리기로 서원했습니다. 부모님이 나를 위해 늘 기도하고 있다는 사실을 알았지만, 그렇다고 해서 부모님은 나를 억지로 교회에 데리고 가지는 않았습니다. 심지어 주일에 영화가 보고 싶다며 용돈을 달라고 해도 흔쾌히 내 손에 용돈을 쥐어 주기도 했습니다.

그러던 어느 주일이었습니다. 하나님이 내 마음속에서 이미 일하고 계셨지만, 아무것도 모른 채 여느 때처럼 축구장으로 달려나갔습니다. 그날따라 이상하게도 축구장에는 친구들이 한 명도 없었습니다. 쓸쓸한 마음으로 집에 돌아올 수밖에 없었는데 집마저 텅 비어 있었습니다. 누나와 동생이 부모님과 함께 교회로 갔기 때문입니다. 아무도 없는 고요한 집에서 낡은 풍금 앞에 앉았습니다. 그리고 무심결에 풍금을 연주하기 시작했습니다. 그때 연주했던 곡은 "당신의 뜻을 이루소서. 내 모든 것 주께 드립니다"라는 가사의 찬양이었는데, 그 순간 성령님이 내 마음에 찾아오셨습니다. 두 눈에서는 하염없이 눈물이 흘렀고, 성령님이 내게 무엇인가 말씀하시는 것이 느껴졌습니다. 그러나 나는 그 목소리에 저항하면서 도망치듯 집에서 나와 축구장으로 달려갔습니다. 여전히 축구장에는 아무도 없었습니다.

다시 집으로 돌아온 나는 성령님의 인도하심에 이끌려 풍금 앞에 앉았고 같은 곡을 연주하기 시작했습니다. 이번에는 봇물이 터지듯 눈물이 흘러내렸습니다. 부드럽지만 강력하고 차분하면서도 상냥한 주님의 초대에 더 이상 저항할 수 없었습니다. 얼마나 시간이 지났는지 어머니가 교회에서 돌아왔는데 그때까지도 나는 여전히 눈물을 흘리고 있었습니다. 어머니와 나는 함께 무릎 꿇고 주님께 기도드렸습니다. 그렇게 나는 예수님을 만났습니다.

잊을 수 없는 하루였습니다. 구원의 기쁨이 흘러넘치는 경험을 한 후 내 안에 계신 성령님이 나를 하나님과의 교제로 초대하셨습니다. 하나님과 함께하는 묵상 시간이 내게는 너무나 행복했습니다.

시간이 흘러 나는 교회 일이라면 무엇이든 적극적으로 임하는 청년이 되었습니다. 하지만 적극적으로 교회 봉사를 할수록 나의 중심이 그리스도로부터 일로 옮겨 간다는 느낌이 들기도 했습니다. 주님과의 첫사랑에 대한 기억이 흐려져 가듯이 말입니다.

음악을 굉장히 좋아했던 나는 음악적인 재능을 통해 하나님을 섬기고 싶었습니다. 그래서 찬양 사역을 하기로 결정하고 다양한 악기를 연주하면서 열정적으로 주님을 섬겼습니다. 그런데 하나님은 나를 위하여 완전히 다른 계획을 갖고 계셨던 것 같습니다. 물론 당시에는 그런 사실을 알지 못했습니다. 어쩌면 알고 싶지 않았을 수도 있습니다. 그저 음악을 좋아했고, 내가 좋아하는 일을 하고 싶었기 때문입니다.

군 복무를 마친 후에는 내가 좋아하는 음악과 찬양 사역에 더욱 매진했습니다. 당시 전자 기타와 드럼이 교회 안에서도 점점 받아들여지고 있었는데, 친한 친구들과 함께 밴드를 결성하고 작곡과 작사를 하는 데 열정을 쏟았습니다. 밴드의 악기를 장만하는 데 각자의 월급을 모두 쏟아붓기도 했습니다. 음악에 대한 우리의 열정이 어찌나 대단했던지 하마터면 교회에서 쫓겨날 뻔하기도 했습니다.

물론 밴드의 목적은 나쁜 게 아니었습니다. 우리는 무신론이 팽배한 세상 가운데서 우리의 몸과 마음을 다해 하나님을 찬양하기 원했습니다. 어쩌면 내가 하고 있는 일이 하나님이 내게 원하시는 일이 아니라는 것을 눈치챘음에도 불구하고 그 사실을 마음속 깊은 곳에 묻어두었던 것 같습니다.

하루는 우연히 "그들에게 그리스도의 소식을 전하라"라는 제목의 팸플릿을 보게 되었습니다. 그런데 이 한 문장이 나의 내면세계를 완전히 뒤흔들어 놓았습니다. 나의 존재가 하나님 나라에서는 얼마나 작고 무력한지 뼈저리게 깨닫게 되었습니다.

시간이 흐를수록 내 속에서는 하나님을 알기 원하는 마음이 커져만 갔고, 그로 인해 여러 신앙 서적에 관심 갖기 시작했습니다. 당시 소련에서는 종교의 자유를 제한하는 많은 제약들이 있었습니다. 그럼에도 영적 부흥과 지난 수 세기 동안 활동했던 하나님의 사람들에 관한 책들이 내 손에 들어오게 된 것은 정말로 놀라운 하나님의 은혜였습니다. 때로는 일을 마친 후 오토바이를 타고 30킬로를 달려가서 친구에게 책을 빌려 읽곤 했습니다. 하룻밤에 책을 다 읽기 어려웠고 스캐너도 없었던 시절이라 어떨 때는 한 장 한 장 사진으로 찍어서 읽기도 했습니다.

하나님은 책뿐만 아니라 주변 상황을 통해서도 내 안에서 역사하셨습니다. 주변 친구들은 대부분 결혼해서 가정을 이루고 있었는데, 나만 여전히 싱글이었습니다. 여자 친구였던 이리나는 1978년에 부모님과 함께 독일로 이사를 가게 되었습니다. 나와 우리 가족도 독일로 이사할 계획이었지만 상황이 계속 막혔습니다. 결국 나와 이리나는 6년 동안이나 각각 독일과 키르기스스탄으로 떨어져 지내야만 했습니다. 그런데 하나님은 오히려 이 시기를 통해 나를 시험하고 단련하셨습니다.

이리나와 나는 혼인 신고를 하고 정식 부부가 되기 위해 갖은 노력을 다했습니다. 우리는 그리운 서로의 얼굴을 보기 위해 모스크바, 탈린Tallinn 그리고 레닌그라드Leningrad; 상트페테르부르크의 이전 이름에서 만나려고 시도했습니다. 하지만 그때마다 KGB구소련의 국가보안위원회 장교들이 우리의 만남을 저지했고, 혼인 신고를 위해 동사무소에 가려고 할 때마다 앞길을 가로막았습니다. 소련의 체제가 너무나 원망스러웠지만 이리나를 포기할 수 없었기 때문에 내가 할 수 있는 모든 노력을 다했습니다. 그러던 중 당시 매우 유명한 인권 운동가였던 안드레이 샤카로프Andrei Shakarov를 만날 기회가 생겼는데, 심지어 그런 유명인마저도 나와 이리나를 도와줄 수 없었습니다.

혼인 신고서 접수에 다시 실패한 어느 날, 하나님이 내게 찾아오셨습니다. 그때 버스 운전사로 일하고 있었는데, 버스에 가스를 넣기 위해 충전소에서 줄을 서는 중이었습니다당시에는 가스 공급량 제한이 있어서 매번 줄을 서야 했습니다. 그런데 하필 내가 서 있던 줄에서 사람이 줄어들 기미가 보이지 않아 앞쪽을 유심히 관찰해 보니 가스 펌프가 고장이 나 있었습니다. 그래서 얼른 옆줄로 이동해 내 차례를 기다렸습니다. 그런데 내가 줄을 옮기는 순간부터 원래 서 있던 줄이 빠르게 줄어들기 시작했고, 내가 옮겨서 선 줄이 전혀 줄어들지 않았습니다. 결국 다시 처음에

섰던 줄의 끝으로 돌아갔는데, 옮기자마자 또다시 줄의 움직임이 멈춰 버린 것을 느낄 수 있었습니다. 혼란스러운 마음을 진정시키고 세 번째 줄로 자리를 다시 옮겼습니다. 그런데 그 줄의 가스 펌프마저 막 고장이 나서 더 이상 가스를 충전할 수 없다는 게 아닙니까? 그때 내 안에서 작은 목소리가 들려 왔습니다.

"언제까지 우왕좌왕할 것이냐?"

"주님이십니까?"

나는 크게 부르짖으며 운전대에 얼굴을 묻었습니다.

"주여, 주의 종이 듣고 있사오니 말씀하소서."

그러자 하나님은 가스 충전소에서의 내 모습이 나의 삶과 다르지 않다는 사실을 깨닫게 하셨습니다. 그리고 나의 결혼을 막으신 분은 KGB나 다른 사람들이 아니라 하나님이라는 사실을 인정하게 하셨습니다. 나아가 하나님은 교만한 자의 길을 막으신다는 사실을 깨닫게 하셨습니다.

그 사건을 계기로 나는 겸손에 대해 배워가기 시작했습니다. 언젠가 내가 이리나와 결혼하게 될 것이고, 이것이 하나님의 뜻임을 확신하게 되었습니다. 하지만 결혼을 위해 열정적으로 기도하는 것은 그만두었습니다. 공무원이나 다른 사람들은 중요한 서류를 잃어버리거나 약속을 잊어버릴 수 있습니다. 하지만 우리 하나님은 나의 걱정을 아시고 소원을 기억하신다는 사실을 정확하게 믿었습니다. 그리고 결혼보다 더 중요한 일이 있는데, 그것은 내 삶을 주님 앞에서 올바로 세우는 것이었습니다.

예수는 주

행복은 특정한 상황이나 조건에서 오지 않습니다. 중요한 것은 사람의 마음 가짐입니다.

– 전통 속담

나는 여전히 음악을 사랑했습니다. 하루는 성경을 읽는데 말씀을 통해서 하나님의 음성을 선명하게 들을 수 있었습니다.

"예수께서 대답하여 이르시되 심은 것마다 내 하늘 아버지께서 심으시지 않은 것은 뽑힐 것이니"마태복음 15장 13절

하나님은 내가 자신의 힘으로 나무를 심고 키우려 했기 때문에 전혀 자라지 않는다는 사실을 깨닫게 해 주셨습니다. 그런 생각이 들자마자 하나님에게 토로하듯 말씀드렸습니다.

"하나님, 왜 나의 음악을 기뻐 받으시지 않습니까? 나는 당신과 당신의 영광을 위해 음악을 하고 있습니다."

그런데 하나님은 이렇게 말씀하셨습니다.

"너의 음악이 진정 나를 위한 것이냐? 아니다. 너 자신의 만족을 위한

것일 뿐이다!"

당시에는 나의 찬양 사역 전반에 퍼져 있는 자만심과 허영심을 깨닫지 못했습니다. 내 삶에서 바뀐 것은 아무것도 없었지만, 한 가지 분명한 것은 마음이 점점 무거워지고 있다는 것이었습니다. 밴드 연습 때마다 늘 기도로 시작했지만, 마음이 너무나 어려워서 다른 친구에게 기도를 부탁하기도 했습니다. 그때 루번 토레이 R. A. Torrey의 『성령론 The Holy Spirit: Who He is and What He Does』을 읽고 있었는데, 하나님은 이 책을 통해 내게 말씀하셨습니다.

어느 날 밤, 마침내 하나님께 완전히 복종하기로 결정했습니다. 나는 다스려지지 않는 혼란스러운 마음으로 바닥에 엎드려 울고 있었습니다. 하나님이 내 인생의 마지막 행복마저 가져가시는 것처럼 느껴졌기 때문입니다. 그런데 어둠 가운데서 노랫소리가 들려 왔습니다. 오늘날까지도 그 노랫소리가 천사들의 찬양인지, 하나님이 친구들을 보내 집 앞에서 찬양하게 한 것인지 알지 못합니다. 그렇지만 그때 들려온 찬양의 가사가 마음 깊은 곳까지 파고들었습니다.

말씀하십시오. 나의 구원자시여! 당신의 음성에 귀 기울입니다
당신의 손이 마음 깊이 간절히 바라던 평안을 내게 주십니다
주의 십자가 앞에 재를 뒤집어쓰고 엎드립니다
나의 주, 나의 구원자시여! 당신만이 내게 평안을 주십니다

흐느껴 울며 기도하면서 찬양 가사를 읊조렸습니다. 완고했던 나의

마음은 그날 밤에 완전히 깨어졌습니다. 나는 기도의 자리에서 일어나 예수님께 고백했습니다.

"나는 당신의 것이며, 당신이 원하시는 일을 하기 원합니다."

보물처럼 소중히 여겼던 비싼 전자 기타를 부술 생각을 하면서 하나님께 말씀드렸습니다.

"주님, 제 기타를 당신의 제단 위에 바칩니다."

하지만 그 순간 하나님은 나를 멈추게 하셨습니다. 기타를 부술 필요가 없으며, 자만심과 완고한 마음을 부수는 것으로 충분하다고 말씀하셨습니다. 그 후로 나는 이전에 누리지 못한 평안을 누릴 수 있었습니다. 모든 것을 잃어버리고 나서야 내 안에 그리스도께서 살게 되셨으며, 그분을 향한 사랑이 점점 커지게 되었습니다. 더 이상 내 안에는 하나님께 저항하려는 마음을 찾을 수 없었으며, 그제야 사도 야고보의 고백이 깨달아졌습니다.

"너희는 하나님이 우리 속에 거하게 하신 성령이 시기하기까지 사모한다 하신 말씀을 헛된 줄로 생각하느냐"야고보서 4장 5절

그 후로 나는 퇴근하고 집으로 가는 대신에 하나님과 교제하기 위해 들판으로 나갔습니다. 성경은 내게 살아 있는 말씀이 되었습니다. 하나님과의 교제를 마음껏 누리면서 다음의 곡을 만들었습니다.

오, 주여! 주 앞에 기도로 엎드립니다
주께 감사의 찬양 드립니다
당신의 사랑과 보여주신 길에 감사드립니다

나를 씻기시고 당신의 영광을 위해 거룩케 하여 주십시오

오, 주여! 당신이 나로 보게 하셨습니다

끔찍한 궁핍 속에서 나를 건지셨습니다

못 자국 난 당신의 발 앞에 눈물로 엎드립니다

주님은 나로 당신을 알게 하셨습니다

따스한 주님, 나의 영혼에 찾아오셨습니다

주님이 물으셨지요

"너는 나를 사랑하느냐?"

따끔한 훈계가 아니라 부드러운 사랑의 마음으로

주님은 나를 영원히 구원하셨습니다

세상 모든 행복은 허무하고 허무합니다

나는 그 모든 것을 주님 주시는 진정한 행복과 바꾸었습니다

이 세상 살아갈 때 당신이면 만족합니다

오, 주 나의 구원자시여! 나를 주님께 드립니다

죄에 대한 새로운 경각심

개선을 위한 첫걸음은 실수를 알고 인정하는 것이다.

– 세네카 Seneca the Younger

주님과의 교제가 깊어질수록 내가 수많은 죄 가운데 묶여 있으며, 죄악을 끊어버리지 못한 채 사로잡혀 있다는 사실을 알게 되었습니다. 나는 회개하고 기도하며 주님께 물었습니다.

"주님, 당신은 죄를 용서할 뿐 아니라 죄로부터 나를 해방시킬 수 있는 분이신가요?"

곧 응답을 받았습니다.

"내가 너를 자유케 하리라."

죄로부터 자유함을 얻게 하시는 주님께 간절히 기도드렸습니다.

"주님, 나는 용서만이 아니라 완전한 자유를 얻기 원합니다!"

하나님은 나의 내적 자아를 완전히 드러냄으로 거울 속 자신을 바라보는 것조차 부끄럽게 하셨습니다. 나는 자신의 구원에 대해 의심하면서 성찬식에 참여하는 것조차 거부했습니다. 로마서 7장의 "오호라! 나는 곤고한 사람이로다. 이 사망의 몸에서 누가 나를 건져내랴"라는 말씀을 입버릇처럼 되뇌었습니다.

어느 주일 아침이었습니다. 교회로 가는 대신 들판으로 나갔습니다. 나는 망치와 못을 들고 내 손에 못을 박으려고 했습니다. 예수님이 겪으신 고난을 경험함으로써 죄로부터 돌아서기를 원했습니다. 들판에 앉아 눈물로 죄를 회개하며 못을 손바닥에 올리고 망치로 내려치려고 하는 순간 하나님의 음성이 들려왔습니다.

"손 전체를 잘라내면 네가 죄로부터 자유케 될 수 있을 것 같으냐?"

절박한 심정으로 하나님께 물었습니다.

"하나님, 제가 어떻게 해야 합니까?"

"네가 할 수 있는 일이 아니다. 개가 짖는 것을 멈추지 못하고 소가 우는 것을 멈출 수 없듯이 너는 죄를 짓지 않을 수 없다. 개의 발이나 꼬리를 자른다 해도 개가 고양이를 보게 되면 짖을 것이다. 개가 짖지 않으려면 죽어야만 한다."

하나님의 말씀에 다시 물었습니다.

"주님, 표범이 그 얼룩을 지우지 못한다는 건 알겠습니다. 그렇다면 내가 스스로를 죽여야 하는 것입니까?"

그러자 주님은 내가 죽는 것이 유일한 해결책이라고 응답해 주셨습니다.

당혹스러웠습니다. 스스로 목숨을 끊는 것은 죄라고 생각했기 때문입니다. 죄를 짓지 않기 위해 금식하면서 새로운 삶을 살게 해달라고 기도했습니다. 심지어 모든 사람이 새해를 기념하면서 행복한 시간을 보낼 때도 나는 금식하면서 간절히 기도하고 새해에는 승리하는 삶을 살겠노라고 주님 앞에 다짐했습니다. 그러나 승리하는 삶을 살고자 했던 다짐은 그리 오래가지 않았습니다. 매일 다짐하고 또 다짐하지만 변화된 삶을 향한 나의 간절함은 빛이 바래졌습니다.

그제야 나는 이해할 수 있었습니다. 스스로는 결코 변화될 수 없음을 하나님은 아셨습니다. 하나님은 절망에 빠져 있는 내게 다시 찾아오셨습니다.

"아들아, 스스로 목숨을 끊을 필요가 없다. 너는 이미 죽었기 때문이다. 내가 내 아들 예수 그리스도를 십자가에 못 박았을 때 너도 그와 함께 죽었다."

하나님의 말씀은 내게 천둥 번개와 같은 충격이었습니다. 오랫동안 힘겨워했던 문제에 대한 해답이 보였기 때문입니다! 지금까지 경험한 하나님의 계시 중에서 가장 강력하게 내 마음을 울리는 말씀이었습니다. 어두운 내 마음속에 태양이 떠오르는 것 같았습니다.

나는 온 힘을 다해 못을 던져버렸습니다.
'난 이미 죽었어! 더 이상 스스로를 죽일 필요 없어! 난 이미 죽었기 때문이야!'
신이 나서 소리쳤습니다. 성경 구절들이 마음속 깊이 이해되기 시작했습니다.

"우리가 알거니와 우리의 옛 사람이 예수와 함께 십자가에 못 박힌 것은 죄의 몸이 죽어 다시는 우리가 죄에게 종 노릇 하지 아니하려 함이니 … 이와 같이 너희도 너희 자신을 죄에 대하여는 죽은 자요 그리스도 예수 안에서 하나님께 대하여는 살아 있는 자로 여길지어다" 로마서 6장 6, 11절

뛸 듯이 기뻤습니다. 나의 노력 때문이 아니라 하나님의 말씀과 갈보리 은혜에 대한 믿음으로 승리의 삶을 살게 되었습니다. 마침내 나는 내가 그리스도 안에 있고, 하나님이 나를 새롭게 하신 것을 믿게 되었습니다. 주님 앞에서 지난날의 안드레이는 더 이상 존재하지 않게 된 것입니다!

아브라함이 그랬던 것처럼 보이지 않는 것을 보게 되었고, 상황과 어려움이 아니라 하나님의 약속을 믿으며 하나님을 찬양할 수 있게 되었습니다! 이후 하나님은 신앙 서적을 통해 하나님을 더욱 알게 하셨고, 때로는 새로운 깨달음을 시로 고백하게 하셨습니다.

나의 죄와 이전 모습은 그리스도와 함께 십자가에 못 박혔고
나는 그와 함께 다시 살아났으니
이전 아담the old Adam은 더 이상 존재하지 않네

나는 이제 그의 것이니
죄의 노예에서 자유하며
하늘 왕국의 시민이라

나는 다시 태어난 아담이며, 주 안에 있으니

주 안에 정죄함이 없고 죽음 또한 없네

하나님 아버지는 내게 선하신 하나님이시라

나의 성취가 아니라 오직 그의 은혜로

오, 예수여! 나의 욕망과 감정 그리고 생각을 새롭게 하소서

내 모든 영혼을 당신께 바칩니다

겸손하고 온유하게 하옵소서

나의 자유로운 정신과 반항하는 본성,

마음대로 행했던 날들과 불순종, 육욕적인 의지,

이 모든 것을 당신 앞에 내려놓습니다

죄의 자백을 통한 구제

외적인 승리를 쟁취하기 위해서는

그 전에 먼저 내적인 승리를 거두어야 한다.

– 드한 M. R. DeHaan 의 『매일의 양식 *Unser täglich Brot* 』 중에서

하나님이 우리에게 가장 가르치고 싶어 하시는 성품은 겸손일 것 같습니다. 그래서 하나님은 겸손을 가르치기 위해 많은 시간을 사용하십니다. 앞에서 언급된 일련의 사건들 이후에 나는 청년 모임에 출석하게 되었는데, 모임 중에 성령님의 음성이 들려왔습니다.

'일어나서 친구들에게 너의 경험을 전하라.'

이렇게 말씀하시는 성령님의 음성을 듣고 난 후 제일 처음 들었던 감정은 두려움이었습니다. 죄로부터 완전한 자유함을 얻은 증거가 나의 삶에서 먼저 나타나기 원했기 때문입니다. 그러나 하나님이 아브람에게 새로운 이름을 주신 직후부터 그를 '민족의 아버지'라는 뜻으로 아브라함이라고 부르셨으며, 그가 이삭을 낳기까지 기다리지 않으셨음을 기억하게 하셨습니다.

나는 다른 청년들에게 "전에는 죄의 용서만을 경험했으나 이제는 죄의 용서에서 그치는 것이 아니라 더 나아가서 죄로부터 자유함을 얻었습니다"라고 나누었습니다. 그러면서도 내가 한 말에 두려움을 느끼며 자리에 앉았습니다. 그런데 모임이 끝나자 친구들이 한 명씩 다가와서 자신도 그런 경험을 하고 싶다고 말하는 것이었습니다. 그 순간 하나님은 죄의 고백이 얼마나 중요한지와 빛 가운데 걸어갈 때만 유혹을 이길 수 있다는 사실을 알게 하셨습니다요한일서 1장 7절.

당시 나는 자와Jawa; 체코의 모터사이클 브랜드 오토바이를 갖고 있었는데, 그 오토바이를 애지중지했습니다. 한번은 부품을 사기 위해 마을로부터 30킬로 정도 떨어진 프룬제Frunze; 1992년 이전 비슈케크의 이름를 방문했습니다. 그곳에서 꿈에 그리던 플렉시글라스plexiglass 바람막이 창을 보게 되었습니다. 당시로서는 희귀한 부품이었기 때문에 바람막이 창을 보자마자 구입하고 싶었습니다. 그런데 이제는 꽤 익숙해진 소리가 내면으로부터 들려왔습니다.

'네게 이미 좋은 바람막이 창이 있지 않느냐? 사지 말거라.'

그럼에도 나는 그 목소리를 무시하고 지갑을 꺼내어 계산하려고 돈을 세기 시작했습니다. 그런데 돈이 모자랐습니다. 주인에게는 다음 주 토요일에 구매하러 오겠다고 말했습니다. 그런데 집으로 돌아오는 길에 내적 싸움이 시작되었습니다. 돈이 부족해서 다행이었지, 돈이 있었다면 유혹에 쉽게 넘어갔을 것이라는 생각이 들었습니다. 그리고는 한 주 내내 갈등했습니다. 성령님의 말씀에 동의가 되다가도 '이건 죄가 아니잖아! 다들 플렉시글라스 바람막이 창을 갖고 있단 말이야. 게다가 너 스스로 번 돈으로 충분히 살 수 있잖아!' 하는 완고한 내면의 목소리에 고개를 끄덕이는 나의 모습을 발견하기도 했습니다.

토요일이 빠르게 다가오고 있었습니다. 그날 시장에 나갈 다른 충분한 이유가 있었지만 가지 않았습니다. 시장에 간다면 유혹에 넘어가리라는 사실을 잘 알기 때문입니다. 그리고 금요일 밤 청년 모임 때 성령님이 내게 말씀하셨습니다.

'일어나라! 유혹에 갈등하는 너의 모습을 이들 앞에서 고백하면 너는 자유할 것이다.'

그런데 그때부터 내 마음속에서는 전쟁이 시작되었습니다. 내 안의 허영심을 스스로 인정하고 싶지 않았을 뿐더러, 다른 사람 앞에서 더더욱 드러내어 말하고 싶지 않았습니다. 그날 저녁 내내 마음이 심히 불편했습니다.

당시 우리는 에베소서 5장을 공부하고 있었는데, "그들이 은밀히 행하는 것들은 말하기도 부끄러운 것들이라"에베소서 5장 12절라는 말씀을 읽을 때 이것이 나를 위한 말씀임을 깨달았습니다. 동시에 사람들이 내 안의 갈등을 알게 된다면 내가 부끄러움을 느낄 것이라는 사실도 알았습니다. 그런데 그다음 구절을 읽으면서 해답을 얻게 되었습니다.

"그러나 책망을 받는 모든 것은 빛으로 말미암아 드러나나니 드러나는 것마다 빛이니라"에베소서 5장 13절

그 순간 하나님은 나의 어린 시절을 기억나게 하셨습니다. 겨울철 학

교에서 오후반 수업을 듣고 집으로 올 때면 밖은 이미 어두워져 있었습니다. 집으로 돌아오는 길에서 이미 문을 닫은 상점들을 보곤 했는데, 이상한 점은 상점들이 모두 불을 켜놓았다는 것입니다. 그럴 때면 종종 어머니에게 "상인들이 왜 상점의 불을 끄지 않고 퇴근하는 걸까요? 밝은 전등 아래 보이는 진열대의 상품들-특히 사탕 같은 간식-이 도둑들에게 엄청난 유혹으로 다가가지 않을까요?"라고 질문했습니다. 어머니는 "불을 밝게 켜놓아야 도둑이 들지 않는단다. 빛이 진열대의 상품만 밝게 비추는 것이 아니라 상품을 훔치려고 하는 도둑도 환하게 비추기 때문이지. 만약 도둑이 물건을 훔치려고 한다면 불부터 끄지 않겠니? 도둑은 빛을 무서워하는 법이란다"라고 설명해 주었습니다.

그제야 나는 사도 바울의 고백을 이해할 수 있었습니다. 그러나 나는 여전히 청년들 앞에서 나의 허영심에 대해 고백할 용기가 없었습니다. 그때 성령님이 내 친구 다비트David를 기억나게 하셔서 그에게 모든 것을 고백하라고 말씀하셨고, 나는 그 말씀에 순종했습니다. 모임이 끝나고 다들 집으로 돌아갈 때 다비트를 불러서 고백했습니다.

"다비트, 너에게 고백할 게 있어. 나에 대해 어떻게 생각하든지 그건 네 자유지만, 만약 네가 언젠가 플렉시글라스 바람막이 창을 본다면 내가 하나님 앞에서 죄를 범하고 그분의 말씀에 순종하지 않았다는 것을 기억해 줘."

그런데 바로 그 순간 내 안에 갈등하는 마음이 눈 녹듯 사라졌습니다. 그리고 내가 죄로부터 구원받았으며, 그 부품을 사고 싶다는 마음이 더 이상 내 안에 남아 있지 않음을 느끼게 되었습니다. 다비트는 나의 고백에도 전혀 놀라지 않았습니다. 그 또한 하나님의 마음을 이해하기 시작했기 때문입니다. 우리는 이러한 공통의 경험을 통해서 서로를 잘 세워 줄 수 있었습니다. 그다음 날 시장에 갔을 때도 바람막이 창을 파는 가게에 가고 싶다는 생각이 들지 않았습니다. 하나님이 내 마음속 유혹을 제거해 주신 것입니다!

　그 이후에도 하나님은 내 안에 갈등이 있을 때마다 고백의 중요성을 기억나게 하셨습니다. 버스 운전사로 일할 때였는데, 퇴근길에 사람들을 태우고 운전하면서 내적 갈등 때문에 끙끙대고 있었습니다. 하나님은 이웃 공동체의 나이 많은 목사님을 찾아가서 그에게 내가 느끼는 갈등을 고백하라는 마음을 계속 주셨습니다. 하지만 나는 그에게 고백하는 것이 창피했습니다^{당시 나는 상담이라는 것 자체에 대해 무지했습니다}.

　마지막 승객을 내려 준 어느 날 밤, 집으로 돌아가려는 나에게 성령님이 다시 한 번 목사님을 찾아가서 고백하라고 말씀하셨습니다.

비슈케크의 야생 양귀비 벌판. ⓒ 박군서

"하나님, 지금 밤 10시예요. 게다가 목사님 댁을 가려면 도시를 완전히 가로질러 가야 하는데, 도착하면 11시가 넘을 거예요. 그러나 주님, 만약 목사님 댁에 도착했는데 창문에 불이 켜져 있다면 목사님이 나를 기다리고 있었던 것으로 믿겠습니다."

그렇게 기도한 후 목사님 댁으로 운전대를 돌렸습니다. 신기하게도 목사님 댁으로 가는 길의 모든 신호등이 나를 위해 초록색으로 바뀌는 것이었습니다. 내 심장은 점점 더 빨리 뛰기 시작했습니다. 기적이 일어나고 있는 것을 인정할 수밖에 없었습니다. 그날 신호에 걸려 멈추는 일 없이 도시를 관통해서 목사님 댁에 도착했습니다. 목사님 댁에는 불이 환하게 켜져 있었습니다. 목사님이 정말 나를 기다리고 있는 듯했습니다.

목사님 댁에 들어섰을 때 목사님은 긴장한 내 얼굴을 보고서는 모든 것을 이해했으며, 나에게 하나님의 인도하심을 두려워하지 말라고 권고해 주었습니다. 죄의 고백과 눈물 그리고 기쁨의 기도를 드렸던 그날 밤은 죄로부터 승리한 기념비적인 밤이었습니다.

이후 나의 경험을 토대로 「사랑의 눈물 Tears of Love」이라는 곡을 썼습니다.

고요한 새벽, 파도치는 해변
장작불 주위로 둘러앉은 어부들,
고요를 깨고 누군가 질문한다
"시몬아, 네가 나를 사랑하느냐?"

베드로는 고개를 떨구고 모닥불을 바라보다
자신을 향한 그리스도의 시선에
그만 눈물이 흐르고 마네
슬픔의 눈물이 아니라
열정적인 사랑의 눈물이라

그렇습니다. 주님, 내가 당신을 사랑합니다!
세 번의 질문, 세 배의 고통…,
세 번의 부인을 기억하기에
주를 사랑하노라 세 번 고백하네
주님 그의 고백을 믿으셨네
불을 쬐며 울고 있는 베드로에게 물으시네

"시몬아, 너는 나를 사랑하느냐?"
미어지는 그의 가슴
더할 말도, 해야 할 일도 몰라
눈물만 흐르네

노숙자 사역

우리의 마음을 위한 가장 좋은 운동은 치욕과 부끄러움 가운데 빠져 있는 자들을 일으켜 주는 것이다.

– 드한의 『매일의 양식』 중에서

어느 날부터 하나님은 이전에는 보지 못했던 사람들, 즉 삶의 절박함 가운데 있는 사람들을 보여주기 시작하셨습니다. 어느 겨울밤 나는 여자 친구 이리나에게 전화하기 위해 옆 동네 칸트Kant로 갔습니다. 그녀에게 전화하는 일은 간단한 게 아니었습니다. 자본주의 국가로 전화하기 위해서는 수일 전에 미리 예약해야 했고, 해외로 거는 전화는 밤에만 할 수 있는 데다 규정상 통화는 15분을 넘길 수 없었습니다.

정해진 시간에 도착했음에도 불구하고 전화가 연결될 때까지도청 준비가 완료될 때까지 오래 기다려야 했습니다. 당시 편지도 검열하고 간혹 사라지는 편지들도 있었기 때문에 편지에 번호를 매겨 세기도 했습니다.

이리나와 통화하기 위해 공중전화소에 앉아 있는데, 어디선가 심한 악취가 났습니다. 악취가 나는 쪽으로 고개를 돌리자 술에 잔뜩 취한 노숙자가 눈에 들어왔습니다. 밤에는 따뜻한 곳을 찾다 보니 아무도 없는 공중전화소로 온 것이었습니다. 그는 공중전화소 구석에서 코를 골면서 자고 있었는데, 성령님은 내게 그를 깨워 집으로 데리고 가라는 감히 상상할 수도 없는 말씀을 하셨습니다.

이리나와 통화를 끝낸 후 그 말씀을 무시하고 집으로 돌아가기 위해 전화소를 나서려고 하다가 하마터면 그 노숙자에게 걸려 넘어질 뻔했습니다. 그때 성령님이 다시 한 번 내게 "정말 그를 여기에 내버려 두고 혼자 가려고 하느냐?"라고 말씀하셨습니다.

"주님, 제가 그를 어떻게 집으로 데려갈 수 있습니까? 저는 지금 오토바이를 타고 왔고, 저 사람은 술에 잔뜩 취했습니다. 게다가 지금은 겨울이지 않습니까?"

나는 여러 가지 핑계를 대며 성령님의 말씀에 저항했지만 내 안에서 들려오는 목소리는 점점 커져만 갔습니다. 그럼에도 불구하고 성령님의 음성에 순종하지 않고 오토바이 시동을 켜서 출발하려는 순간 내 안에서 성령님이 슬피 우시는 것을 느낄 수 있었습니다. 하는 수 없이 다시 전화소로 들어가서 만취한 노숙자를 들쳐 업고 거리로 나왔습니다. 여전히 그는 잠들어 있었습니다. 간신히 그를 오토바이에 태운 후 늘 챙겨 다니던 벨트로 그를 내 몸에 묶었습니다. 그런데 바로 그 순간 역겨움이 느껴질 정도였던 악취가 더 이상 느껴지지 않는 것이었습니다.

집을 향해 오토바이를 천천히 몰았습니다. 차가운 바람을 맞자 노숙자는 깨어났고 내게 "지금 어디로 가고 있느냐?"고 물었습니다. 나는 사우나로 가고 있으니 가만히 앉아서 움직이지 말라고 대답했습니다. 그도 더 이상 움직이지 않고 가만히 있었습니다. 집에 도착했을 때 뜨거운 물을 준비하고 그를 사우나로 안내했습니다. 그가 몸을 씻는 동안 그의 더러운 옷을 모두 태워버린 후 그에게 내 옷을 주었습니다. 그리고 그와 함께 차를 마셨습니다.

아침 6시쯤 어머니가 부엌에 들어왔는데, 이른 아침에 갑자기 나타난 낯선 손님에 깜짝 놀라고 말았습니다. 그에게서 풍겨오던 악취가 여전히 부엌에 남아 있었기 때문입니다.

노숙자 사역은 이렇게 시작되었습니다. 그를 통해서 스스로를 부랑자라고 부르는 사람들이 사는 세계에 대해 알게 되었습니다. 그들은 어두운 지하에 위치한 보일러실에서 살면서 그곳에서 먹고 마시고 일을 한다고 했습니다. 우리 마을엔 다섯 명의 부랑자가 있었습니다. 그들은 수입의 전부를 술 마시는 데 썼기 때문에 늘 굶주렸습니다. 나는 그들에게 음식을 가져다주었고, 하나님을 전하려고 애썼습니다. 담배 연기가 자욱한 공간에서 그들과 함께 앉아 성경 구절을 읽어 주기도 했습니다. 그들은 내가 가져오는 음식은 환영했지만, '검은 책'은 제발 집에 놔두고 오라고 했습니다. 내가 읽어 주는 성경 말씀이 그들에게는 전혀 이해되지 않았기 때문입니다.

게다가 내가 기타를 연주하면서 불러주는 찬양도 이해하지 못했습니다. 노숙자들을 만나면서부터 유명한 러시아 시인 블라미디르 비소츠키Vladimir Vysotsky의 멜로디에 간단한 가사를 붙여 그들을 위한 노래를 만들기 시작했습니다. 그뿐만 아니라 그들을 교회로 데려가기 위해 갖은 노력을 다했습니다. 하지만 그들에게 교회는 불편한 장소였으며, 교회 성도들도 부랑자들을 불편하게 대할 수밖에 없었습니다.

그 해 추수감사예배를 드린 후 교회에서 얻은 갖가지 채소와 과일을 오토바이에 싣고 보일러실로 가서 그들에게 전해 주기도 했습니다. 숙취로 고생하는 노숙자들이 안쓰러워 숙취 해소를 위해 돈을 주기도 했습니다.

그러던 어느 날 내가 집을 비운 사이에 노숙자 한 명이 뒤뜰을 통해 우리 집에 들어왔습니다. 그는 운 좋게도 개에게 들키지 않고 뒤뜰 별채의 주방으로 들어갈 수 있었는데, 전등을 찾지 못한 그가 어둠 속에서 푹신하고 따뜻한 물체가 만져지자 그것을 베고 잠이 들어버렸습니다. 얼마 후에 집에 돌아온 어머니는 별채 주방으로 갔다가 그만 까무러칠 수밖에 없었습니다. 그 남자가 베고 잠든 것은 어머니가 갓 구워서 식히기 위해 벤치에 올려 둔 빵이었던 것입니다!

어느 주일 아침에는 노숙자 한 명이 나를 찾아다니다가 주일 예배에 참석한 나를 교회 밖에서 큰 소리로 불렀습니다. 여름이라 교회 창문은 모두 열려 있었고, 모든 성도들이 소리 나는 밖을 쳐다보다가 내게 시선을 돌렸습니다. 그 노숙자는 나를 만나려고 했고, 예배당 안으로 들어와도 좋다는 말에 교회 문을 열고 들어왔습니다. 그리곤 예배당 맨 앞자리까지 걸어와서 여신도들과 함께 앉았습니다. 우리 교회는 유대교회당처럼 남자와 여자가 복도를 기준으로 나뉘어 앉아 예배를 드렸습니다.

사람들은 킥킥대며 웃기 시작했지만, 목사님은 개의치 않고 계속 설교를 이어갔습니다. 나의 손님도 목사님의 설교를 집중해서 듣기 시작했지만, 얼마 지나지 않아 갑자기 벌떡 일어나서는 "나는 아무것도 이해되지 않습니다!"라고 소리를 질렀습니다. 그러고 나서 설교단 옆 빈 의자를 차지하고 앉아 다시 설교 말씀을 듣기 시작했습니다. 그는 여전히 동요하지 않고 설교를 이어가는 목사님을 뚫어져라 쳐다보면서 말씀에 집중했습니다. 나중에는 귀에 손을 갖다 댄 채 말씀을 듣기도 했습니다.

그렇지만 얼마 후 "아무것도 이해가 되지 않아!"라고 외치며 다시 일어나 뚜벅뚜벅 걸어서 예배당을 나갔습니다. 나는 그를 좇아 나갔습니다. 그를 부르자 노숙자는 나를 보며 말했습니다.

"안드레이, 너는 정상인이잖아? 그런데 왜 저런 곳에 가는 거야? 너는 저기서 저 사람이 하는 말이 이해가 돼?"

나는 그 순간 그의 말을 통해 예수님의 꾸지람을 들을 수 있었습니다. 예수님의 제자라고 믿고 그렇게 살고 싶어 하는 우리가 그동안 얼마나 종교적인 사람이 되었는지, 우리의 참 선생이신 주님, 즉 세리와 죄인들의 친구였던 그분으로부터 얼마나 멀리 떠나 왔는지 알게 되었습니다.

'부랑자' 중 상당수는 가정을 잃은 사람들이었습니다. 그 사실을 알게 되자 그들의 가정을 다시 세우는 데 도움을 주고 싶었습니다. 어느 날 밤부터 퇴근 후 노숙자 한 명을 버스에 태우고 그의 아내를 찾아 나서기 시작했습니다. 수소문 끝에 그의 아내를 발견할 수 있었는데, 어린아이를 데리고 있었습니다. 당시 그녀는 술을 마시고 있었는데, 나는 그들을 버스에 태운 후 가족은 함께해야 한다는 말로 그녀를 설득했습니다. 결국 그의 아내는 마침내 권유를 받아들이고 남편과 함께 지내는 데 동의했습니다. 그들을 위해 방을 하나 빌려서 보금자리로 삼을 수 있도록 하고, 당장 먹을 것이 전혀 없는 가족에게 밀가루와 감자를 챙겨주었습니다.

그런데 일주일 뒤에 그 가정이 다시 깨어지고 말았습니다. 늦은 밤 아이의 엄마는 술에 잔뜩 취한 채 아이를 안고 집 앞에서 나를 큰 소리로 불렀습니다. 어머니는 언짢은 표정으로 내게 "나가 보거라. 밖에서

카라콜(Karakol) 지역의 제티오구스(Jeti Oguz; 7마리 소라는 뜻). 일명 일곱 황소 바위이다. ⓒ 박군서

누가 너를 찾고 있지 않니?"라고 말씀하셨고, 이웃들도 불편한 시선을 감추지 않았습니다. 밖으로 나가 보니 아이 엄마는 "왜 나를 데려온 겁니까? 남편이 나를 집에서 내쫓았어요! 전 이제 아이와 어디로 가야 할지 모르겠어요. 저는 오늘부터 당신 집에서 살 거예요"라고 말했습니다. 다행히 집에 빈방이 있는 친구가 있어서 그녀의 남편과 이야기를 잘 마무리할 때까지 아이와 엄마가 당분간 지낼 수 있도록 도와달라고 부탁했습니다.

그런데 다음 날 아침, 아이의 엄마는 친구 집에서 물건을 훔친 후 아이만 남겨둔 채 사라져 버렸고, 다시 며칠 후 아이 엄마가 돌아오기는 했지만 집주인은 그녀에게 아이를 돌려준 후 다시는 집에 들어오지 못하게 했습니다. 그리고 나서 주일 오전예배 시간에 아이의 엄마는 술에 취한 채 아이를 데리고 교회로 찾아왔습니다.

교회 사람들은 또다시 나를 못마땅한 눈으로 쳐다보았습니다. "사람들은 끼리끼리 논다는 말이 있다"며 내게 책망하듯 말하는 사람도 있었습니다. 정말 쉽지 않은 시간이었습니다. 그러나 마음속에는 기쁨이 샘솟았고, 하나님을 섬긴다는 생각에 행복이 넘쳤습니다.

선교사로의 부르심

설교자는 예수님의 이름을 한 번도 들어 본 적 없는 무슬림 마을 사람들 앞에서 복음을 전파할 차례를 기다리느라 지쳐 있다.

– 안드레이 피터스

나와 친구들은 밴드 연습 대신에 함께 금식하면서 기도하기 시작했습니다. 우리는 부흥에 관한 책을 함께 읽으면서 부흥을 위해 기도했는데, 그때는 꽤 '급진적'이었습니다. 심지어 기도하는 누군가가 무릎을 꿇지 않거나 눈물을 흘리지 않는다면 그것은 잃어버린 양들을 향한 관심이 없다는 증거라고 생각할 정도였습니다. 교회 지도자들은 우리의 큰 찬양 소리에 불편한 내색을 보이기도 했지만, 한편으로는 급격히 변화된 우리의 모습에 놀라워했습니다.

어느 날 저녁, 기도 모임을 마치고 집으로 돌아오는 길에 잠시 마을을 벗어나 들판을 걸으면서 기도했습니다. 그런데 기도하기 시작한 지 얼마 지나지 않아 하나님은 부흥의 역사가 멀리 있지 않음을 마음으로 느낄 수 있게 하셨습니다. 나는 큰 소리로 하나님을 찬양하기 시작했습니다.

얼마 후 카자흐스탄에서 두 명의 목사가 키르기스스탄에 방문한다는 소식을 들었습니다. 우리는 이 소식이 기도에 대한 응답이라고 확신했습니다! 두 목사는 칸트에 있는 이웃 교회에서 지내게 되었는데, 우리도 주일 예배 시간에 그들을 만나고 싶었습니다.

부흥을 위해 기도하는 사람은 우리만이 아니었습니다. 토요일 저녁에 친구들과 함께 교회로 가서 예배당 의자를 앞에서부터 치우기 시작했습니다. 의자가 끌리는 요란한 소리에 예배당 옆 사무실에 있던 장로들이 무슨 일이냐고 물었습니다. 우리는 내일이면 예배당에 회개하는 사람들로 꽉 차서 자리가 부족할 것 같아 미리 의자를 옮기고 있노라고 했습니다. 장로들도 약간 놀라는 눈치였지만 확신에 찬 우리를 보고는 제지하지 않았습니다.

다음 날 아침, 하나님은 정말로 회중들 가운데 임하셨습니다. 많은 사람들이 죄를 회개하고 하나님께 자신의 삶을 드렸습니다. 예수님을 영접한 사람들도 삼십 명이 넘었습니다. 그날 이후 수개월 동안 우리 교회뿐만 아니라 온 키르기스스탄의 교회에서 부흥이 일어났습니다.

이 부흥으로 인해 나는 선교에 더 많은 관심을 갖게 되었습니다. 그래서 선교사들의 자서전을 열심히 찾아 읽었는데, 나의 이런 변화를 들은 이리나는 독일에서 다양한 방법으로 책을 보내주었습니다. 이리나가 보내준 책을 읽으면서 귀한 도전을 받을 수 있었고, 아울러 독일어도 배울 수 있었습니다. 선교에 대한 열망으로 가득 찼던 나는 성경에

허드슨 테일러와 찰스 피니Charles G. Finney의 사진을 끼워 넣고 다니면서 그들 같은 선교사를 꿈꾸며 기도했습니다. 그런데 당시 그들과 같은 선교사가 되기를 기도했던 것은 각 사람을 향한 하나님의 특별한 계획과 인도하심이 있다는 사실을 이해하지 못했기 때문입니다. (여러분은 나와 같은 실수를 범하지 않기를 간절히 바랍니다. 하나님은 우리 각자를 향한 특별한 계획이 있음을 믿으시기 바랍니다.)

이전에 독일로 이사했던 친구 다비트 자바츠키David Jabatsky는 아프리카에서 선교사로 활동하고 있었는데, 나도 그와 같은 길을 걷고 싶었습니다. 독일로 이사해서 이리나와 결혼한 후 아내와 함께 신학교에서 교육을 받고 나서 아프리카 선교사로 가는 미래를 꿈꿀 때마다 흥분되었습니다. 어떤 이유인지 모르겠지만, 아프리카만이 진정한 선교지라고 생각했기 때문입니다.

그런데 하나님은 내게 '나의 아프리카'는 지금 내가 살고 있는 이곳이라는 사실을 알려주셨습니다. 내 마음에 "왜 아프리카로 가려고 하느냐? 너의 눈앞에 있는 수백만의 사람들이 복음을 들어보지 못한 채 살아가고 있지 않으냐?"라고 말씀하셨습니다. 그 말씀을 듣고 나는 "하나님, 키르기스 민족 말씀입니까? 그러나 그들은 무슬림입니다! 어떤 방법을 쓰더라도 그들은 복음을 받아들이지 않을 거예요!"라고 대답했습니다.

나의 말에 하나님은 즉각적으로 반응하셨는데, 나의 무지함과 편협한 시각을 천천히, 그렇지만 확실하게 바꾸어가셨습니다. 하나님은 세상 모든 민족을 사랑하시는 분임을 서서히 이해하게 되었습니다. 그것을 깨닫게 되자 군 생활을 하면서도 전우들에게 한 번도 그리스도의 복음을 나누지 않았던 것이 후회가 되었습니다.

산등성이를 따라 말을 타고 지나가는 키르기스 남자의 얼굴에서 참회의 눈물이 흐르는 일은 불가능할 것이라고 생각했던 나에게 하나님은 그렇지 않다고 말씀하고 싶어 하셨습니다. 하나님은 우리 교회에서 일어나는 부흥이 지역 주민들에게는 전혀 상관이 없다는 사실을, 특히 키르기스 사람들에게는 아무런 영향을 끼치지 못한다는 사실을 알게 하시고 키르기스 민족에 대한 도전과 부담을 주셨습니다.

얼마 후부터는 혼자서 키르기스스탄 지도를 펴 놓고 기도하곤 했는데, 그럴 때마다 나를 어디로 보내고 싶으신지 하나님께 물었습니다. 당시 키르기스스탄의 여섯 개 주에 교회가 세워지긴 했지만, 그 교회들에 키르기스 사람들은 단 한 명도 없었습니다. 그런데 나린 지방에는 신자가 전혀 없었을 뿐만 아니라 교회마저도 없었습니다. 하나님은 그것에 대해 부담을 느끼게 하셨습니다.

"하나님, 나린 땅으로 가야 할까요?"

하루는 출근해서 기도를 하는데, 갑자기 내 마음에 선명하게 들려오는 한 단어가 있었습니다. '나린….' 마음속 깊은 곳에서 샘솟는 평안을 느끼면서 기쁨으로 하나님께 찬양 드렸습니다. 하지만 얼마 지나지 않아 나는 그 음성을 의심하기 시작했습니다. 나린 땅에 대한 생각을 너무 많이 해서 그렇게 들렸던 것은 아닌지, 혼자만의 착각은 아닌가 하는 생각이 들었습니다. 그러던 어느 주일 아침, 예배를 드리기 위해 교회로 가면서 '내게 말씀하신 분이 하나님이시면 한 번 더 동일한 음성을 들려주십시오'라고 기도했습니다. 그런데 기도 가운데 다시 '나린'이라는 단어가 선명하게 들렸고, 그것이 선한 목자로부터 오는 음성임을 확신할 수 있었습니다. 감격과 감사의 눈물이 하염없이 흘렀습니다.

예배를 마친 후 나는 들판으로 나가서 풀밭에 누워 오랜 시간 하나님을 찬양했습니다. 하나님을 찬양하지 않고는 벅차오르는 마음을 감당할 수 없었습니다. 그 순간 이후로 나는 내가 나린 땅으로 가야 한다는 사실을 한순간도 의심하지 않았습니다.

송쿨(Song-Kul) 호숫가에 세워진 이동 천막 유르트. ⓒ 박군서

그 시절 작곡한 곡이 있습니다.

우리는 하늘의 목소리를 듣습니다
섬김의 자리로 나아오라는
허영심과 세속의 말들을 넘어
"나를 따라오너라, 나를 따라오너라"

주님, 당신이 일러 주신대로 섬기오리다
당신은 중심을 보시는 분이십니다
사랑하고 감사하며 섬길 때
주님께서 받으십니다
주님과 함께 즐겁게 동행할 때
모든 불만과 의심이 사라집니다
이제 모든 것이 분명하게 보입니다
제게 더 이상의 의심은 없습니다

주님만을 섬기기 원합니다
당신 앞에서 겸손히 무릎 꿇고
사랑합니다. 찬양합니다
저를 낮추시고
주님만이 높임을 받으소서

소명을 따라 걸어가는 멀고 먼 길

인생은 마치 책과 같다. 두께가 아니라 내용으로 가치가 결정되기 때문이다.

– 전통 속담

내게는 이사야 6장에서 선지자가 본 것과 비슷한 경험이 있습니다. 이사야는 그 성전을 처음 본 것은 아니었습니다. 하루는 선지자가 성전에 도착했을 때 그곳에서 예배는 없고 하나님만 홀로 계신 것을 보았습니다. 이를 통해 이사야는 자신의 죄에 대해 알게 되었습니다. 두려움에 떨면서 주 앞에 엎드린 이사야는 자신이 죽을 것으로 생각했습니다. 하지만 하나님은 그의 '입술을 닦으시고' 죄를 씻으셨습니다. 이사야의 마음과 입술이 깨끗하게 되었을 때 하나님의 말씀을 듣는 귀도 깨끗하게 되었고, 이를 통해 하나님의 말씀을 잘 들을 수 있었습니다.

사무엘상 초반부에는 엘리 제사장의 이야기가 기록되어 있습니다. 그가 열심을 내어 행했던 종교적 전통들과 성전의 의식들은 역설적이게도 오히려 하나님의 말씀을 잘 듣지 못하도록 만들었습니다. 그래서 하나님은 작은 아이를 통해 말씀하셨습니다.

이사야의 귀가 열렸을 때에 그는 하나님이 부르시는 소리를 들었습니다.

"내가 누구를 보내며 누가 우리를 위하여 갈꼬 하시니"^{8a절}

깨끗해진 마음이 있었기 때문에 선지자는 다음과 같은 반응을 보일 수 있었습니다.

"내가 여기 있나이다 나를 보내소서"^{8b절}

하나님은 이사야에게 명령하셨습니다. "가라!" 나는 마음속에서 이사야 선지자가 경험한 모든 것을 경험하고 있었습니다.

그때는 나린으로 떠나기까지 5년이라는 시간이 걸리게 되고, 그곳으로 향하기 전에 정리되어야 할 수많은 문제들이 내 안에 있다는 사실을 미처 알지 못했습니다. 하나님은 내게 또 하나의 엄청난 약속을 주셨습니다.

여호와께서 내게 대답하여 이르시되 너는 이 묵시를 기록하여 판에 명백히 새기되 달려가면서도 읽을 수 있게 하라 이 묵시는 정한 때가 있나니 그 종말이 속히 이르겠고 결코 거짓되지 아니하리라 비록 더딜지라도 기다리라 지체되지 않고 반드시 응하리라^{하박국 2장 2~3절}

나는 시간이 조금 걸릴 것이라는 사실을 깨달았습니다. 하지만 하나님이 주시는 생각들을 친구들과 함께 나누지 않았습니다. 친구들이 함께 나린으로 가면 좋겠지만, 그것이 하나님의 뜻이라면 친구들에게 하나님이 직접 보여주시기를 기대하고 소망하면서 기도했습니다. 내가 초대했기 때문에, 또 단순히 나와 동행해 주기 위해서 나린으로 가는 사람이 생기지 않기를 원했기 때문입니다.

하루는 에스겔서를 읽는 가운데 3장 22~23절 말씀이 눈에 들어왔습니다.

> 여호와께서 권능으로 거기서 내게 임하시고 또 내게 이르시되 일어나 들로 나아가라 내가 거기서 너와 말하리라 하시기로 내가 일어나 들로 나아가니 여호와의 영광이 거기에 머물렀는데 내가 전에 그발 강 가에서 보던 영광과 같은지라 내가 곧 엎드리니

하나님이 나를 들판으로 부르시는 것을 알았습니다.

폭설이 내려서 온 땅이 눈으로 덮인 어느 겨울, 가끔 시간을 보내던 가장 멀리 떨어진 건초더미로 갔습니다. 나는 건초더미에 기대어 성경을 통해 아브라함의 삶을 보고 있었습니다. 그러던 중 13장 14절에서 하나님이 롯과 각자 갈 길로 가라고 한 아브라함에게 말씀하셨습니다.

> 롯이 아브람을 떠난 후에 여호와께서 아브람에게 이르시되 너는 눈을 들어 너 있는 곳에서 북쪽과 남쪽 그리고 동쪽과 서쪽을 바라보라

이 구절을 읽는 순간 성령님이 얼른 건초더미 꼭대기로 올라가라고 말씀하신다는 감동을 받았습니다. 그때부터 심장이 빠르게 뛰기 시작

했는데, 건초더미 꼭대기에 올라서자 하나님의 명령처럼 느껴지는 말씀이 들려 왔습니다.

"북쪽과 남쪽, 동쪽과 서쪽을 보아라. 무엇이 보이느냐?"

나는 눈 덮인 들판을 통해 차례대로 프룬제Frunze, 톡모크Tokmok, 나린Naryn 그리고 카자흐스탄 방향을 바라보았습니다. 그런데 성령님은 내가 더 멀리 바라볼 수 있게 하셨습니다. 그 순간 내 눈앞에는 온 중앙아시아의 지도가 펼쳐졌습니다. 카자흐스탄, 우즈베키스탄, 타지키스탄, 투르크메니스탄, 중국의 북부 지역, 그리고 중앙에는 키르기스스탄이 있었습니다. 나는 얼른 그다음 구절을 읽었습니다.

보이는 땅을 내가 너와 네 자손에게 주리니 영원히 이르리라창세기 13장 15절

나는 하나님이 이 민족들을 아브라함의 자손인 예수님의 손에 맡기신 것과 예수님이 그들을 구원하시고 그들을 통해 주님의 교회를 세우는 원대한 계획을 갖고 계심을 알게 되었습니다.

이날 내가 받은 계시는 너무나 강력해서 바로 무릎을 꿇을 수밖에 없었습니다.

"하나님, 이 얼마나 놀라운 계획인지요! 이 계획이 이루어지는 것은 상상조차 할 수 없습니다! 이 민족들 가운데 그리스도인이 있다는 소식은 들어본 적이 없습니다. 하나님 제게는 당신의 이 원대한 계획을 붙잡고 살 능력이 없습니다. 그러나 나린 지역 구원에 대한 믿음과 확신

은 제게 허락하여 주시옵소서."

나는 건초더미에서 오랜 시간 두근대는 마음을 진정시키려고 애썼습니다. 시간이 조금 흐른 뒤에 일어나서 창세기 13장을 계속해서 읽었습니다.

> 너는 일어나 그 땅을 종과 횡으로 두루 다녀 보라 내가 그것을 네게 주리라 이에 아브람이 장막을 옮겨 헤브론에 있는 마므레 상수리 수풀에 이르러 거주하며 거기서 여호와를 위하여 제단을 쌓았더라17~18절

너무도 강력한 말씀이었습니다! 나는 그로부터 한 주가 지난 후 나린으로 가서 그곳에 기도의 제단을 쌓기로 결정했습니다. 그리고 집으로 돌아오기 전에 이렇게 기도했습니다.

"하나님, 만약 당신이 약속을 지키신다면 제가 지금 서 있는 이 자리에서 키르기스 그리스도인들과 함께 첫 번째 제단을 쌓기 원합니다."

다음 날 프룬제로 가서 수도로부터 300킬로 떨어진 나린으로 가는 차표를 샀습니다. 나린으로 가는 길은 험한 산길이기 때문에 8시간 이상 걸렸고, 도착했을 때는 이미 어두워져 있었습니다. 버스에서 내렸을 때 극심한 추위 때문에 제대로 숨을 쉴 수조차 없었습니다. 태어나서 한 번도 겪어보지 못했던 영하 30도의 추위는 정말 상상 이상이었습니다. 게다가 어디로 가야 할지 알 수 없었기 때문에 한동안 가만히 서 있었습니다.

그 순간 머릿속에 떠오른 사람이 있었습니다. 나의 '부랑자' 친구 중

한 명이 나린의 감옥에서 형을 마친 후 이곳에서 정착해서 살고 있다는 사실이 생각났습니다! 위치를 묻고 물어서 찾아간 형무소에서 친구에 관한 소식을 들을 수 있었습니다. 그 친구는 시 외곽의 한 보일러실에서 야간 근무를 하고 있다고 합니다. 나는 신이 나서 그를 찾아 나섰고 감사하게도 친구를 만날 수 있었습니다.

나린에서의 첫날밤은 지금도 잊을 수 없습니다. 친구는 언제나 그랬던 것처럼 술에 취해 있었고, 그 주변에 있던 사람들도 별반 다르지 않았습니다. 많은 사람들이 석탄을 훔치기 위해 보일러실에 왔는데, 보일러실 담당자는 그 사실을 함구하는 대가로 보드카를 얻었습니다. 친구와 함께한 사람들은 공짜로 얻은 술을 나누어 마시더니 이내 치고받고 싸움이 일어났으며, 나는 그들을 떼어놓기 위해 안간힘을 썼습니다. 마침 보일러실 담당자가 러시아인이었는데 러시아인처럼 생긴 내가 동족을 편든다는 오해를 사게 되었고, 그로 인해 그들로부터 위협을 받기까지 했습니다. 큰 칼을 꺼내 잡더니 내 친구를 죽이려고 달려드는 남자가 있었는데 간신히 그를 떼어놓을 수 있었습니다. 그러고 나서 친구에게 잠시 함께 걷자고 설득해서 밖으로 데리고 나왔습니다. 그날 밤에 그들을 진정시키려고 애쓰면서 부디 우리 모두 다음 날 아침까지 살아 있기를 기도했습니다.

하나님의 은혜로 밤을 무사히 보내고 아침 동이 텄습니다. 소란을 피우던 사람들이 모두 자리를 떠난 후 밖으로 나왔는데 눈앞에 펼쳐진 경치에 할 말을 잃고 말았습니다. 어두운 밤 도시를 가로질러 걸으면서 볼 수 없었던 나린의 아름다운 산과 하늘과 구름과 나무들…. 엄청난 장관이 눈앞에 펼쳐져 있었기 때문입니다.

해발 2천 미터 계곡에 위치한 나린의 눈 덮인 산봉우리에서 도저히 눈을 뗄 수가 없었습니다. 마을의 집들 바로 뒤에는 반짝반짝 빛나는 산봉우리가 있는 것처럼 느껴졌습니다. 쇠똥 연료를 태우는 연기가 진흙으로 지어진 집들 위로 올라가는데, 그 모습이 참 정겨웠습니다. 이윽고 아침이 되자 길거리에 행인들이 보이기 시작했고 마을 중심부로 들어갔습니다. 나린은 도시라기보다 나린강을 따라 길게 늘어서 있는 거주 지역이라는 표현이 더 정확했습니다. 마을을 거닐면서 이곳에서 생활하게 될 나의 모습을 상상해 보았습니다.

마을 중심에 도착한 후 작은 공원을 찾아 눈 덮인 벤치에서 기도하기 시작했습니다. 눈에는 보이지 않는 어두운 기운이 나를 짓누르는 것처럼 느껴졌지만 그럴수록 더욱 간절히 기도의 제단을 쌓으면서 하나님께 나린 마을을 올려드렸습니다. 또 이리나와 결혼해서 함께 이 땅으로 오게 해 주신다면 이 공원에서 당신을 찬양하겠다고 하나님께 고백했습니다.

두 손으로 얼굴을 가리고 제법 오랫동안 기도를 했습니다. 기도를 마치고 고개를 들었을 때 눈 덮인 벤치에 가만히 앉아 있는 낯선 러시아인을 이상하게 쳐다보는 키르기스 사람들의 눈망울들을 볼 수 있었습니다. 나린은 말 그대로 영적으로 처녀인 땅, 키르기스스탄의 시베리아였습니다. 나는 버스 정류장으로 가서 막차를 타고 나린을 떠났습니다. 그때가 1980년 겨울이었습니다.

안녕하세요? 나린!

우리가 예수님에게 "왜 죄인들을 불러모으지 않으십니까?"라고 물어보면
그분은 우리에게 "너희가 가라"고 말씀하십니다.

– 드한의 『매일의 양식』 중에서

그로부터 5년이라는 시간이 흘렀습니다. 기다리고 기다리던 나린 마
을이 안개 속에 그 신비로운 모습을 조금씩 드러내면서 우리를 환영해
주었습니다. 검은 머리의 아이들이 잔뜩 몰려와서 호기심 가득한 표정
으로 우리 차를 둘러쌌습니다. 그들 눈에는 외지인들이 신기했기 때문
입니다. 아이들은 "러시아인이 왔다^{Orus keldi}"라고 소리쳤습니다.

나린으로 이사하기 한 달 전, 우리가 살 집과 직장을 알아보기 위해
먼저 나린을 방문했었습니다. 그때 출장 수리업체 MMD^{Mobile Mechanical}
^{Division; 당시 키르기스의 건설회사이며, 안드레이 선교사는 소속 전기 기술자였다}의 대표 쿠
르만베크^{Kurmanbek} 씨에게 두 가지, 즉 거주할 집과 일할 곳을 모두 해
결해 주겠다는 약속을 받았습니다. 그런데 나린에 도착한 날 우리가 마
주한 상황은 기대했던 것과는 너무도 달랐습니다. 필요한 모든 것을 해

결해 주겠다고 약속했던 새로운 상사는 우리 가족이 이렇게 빨리 나린으로 올 줄 몰랐던 모양입니다. 나린 마을에 도착한 우리를 본 쿠르만베크의 발등에 불이 떨어졌습니다. MMD 사무실 주변에 위치한 작은 아파트 몇 동에 MMD의 사택이 있었지만, 대부분 사택에는 회사 측의 허가 없이 이미 사람들이 살고 있었습니다.

그리고 사택에 살던 세입자들 사이에서는 새로 러시아인 가정이 이사왔기 때문에 회사 대표가 누군가를 즉시 퇴거시킬 것이라는 소문이 돌기 시작했습니다. 쿠르만베크 씨와 함께 집을 보러 다닐 때 사람들은 문을 굳게 걸어 잠그고 있었습니다. 마침 문이 열린 곳이 한 군데 있었는데, 쿠르만베크 씨는 사택을 불법 점유하고 있던 사람들에게 즉시 퇴거를 명령했습니다. 조그마한 아파트에는 두 개의 방이 있었는데, 거기에는 두 가정이 어린 자녀들과 함께 살고 있었습니다.

그런데 나로서는 선교사 가정이 옴으로써 두 가정이 집을 잃게 된다는 사실에 마음이 매우 불편했습니다. 그래서 대표에게 그들을 내쫓지 말라고 부탁했습니다. 어떻게든 그들과 함께 살아 볼 작정이었습니다. 그러나 쿠르만베크 씨는 아내와 어린 딸, 그리고 트럭에 실려 있는 짐을 보고는 도저히 가능한 일이 아님을 판단했던 듯합니다. 감사하게도 쿠르만베크 씨는 두 가정이 이동식 주택으로 이사 갈 수 있도록 도와주었고, 그들은 기쁜 마음으로 짐을 싸고 재빨리 이사를 마쳤습니다. 이제 우리 가정이 그 아파트로 이사를 들어갈 차례였습니다. 그런데 정말 작은 크기의 방을 보면서 이삿짐 트럭에 있는 가구들이 이곳에 정말 필요한지 고민했습니다.

그때 갑자기 이전에 읽었던 책의 내용이 생각났습니다. 중국에서 활동했던 어느 선교사에 관한 이야기였습니다. 마오쩌둥毛澤東이 권력을 잡게 되었을 때 대부분 선교사들은 중국을 떠나야 했고, 그 여자 선교사도 추방되는 상황이었습니다. 수많은 공산당원들이 그녀를 기차역까지 안내하고 출국을 돕는 임무를 맡았는데, 집 안에 쌓여 있는 여러 개의 상자와 짐 가방들을 보면서 화를 냈습니다.

"당신의 하나님을 섬기려면 이렇게나 많은 짐이 필요한 거요? 보시오! 나는 이 총과 작은 배낭 하나면 충분하오!"

선교사는 굉장히 부끄러웠고, 그 순간 뭐라고 해야 할지 당황했다고 고백했습니다. 그리고 그녀는 훗날 아프리카 선교사로 갈 때는 손수건 몇 장만 챙겨갔다고 했습니다.

나린의 산정호수로 가는 길. ⓒ 박군서

정말 작은 아파트 앞에 서서 나는 그 중국 선교사와 같은 고민에 빠졌습니다. 나린으로 이사하던 날 밤새 비가 왔기 때문에 트럭 짐칸에 실려 있던 짐들은 대부분 젖어 있었습니다. 우리가 짐을 풀기 시작했을 때 이웃들이 다가와서 거들어주었습니다. 그런데 집안으로 가구를 들이려고 해도 아파트 문이 너무 작았기 때문에 창문을 통해 옮겨야만 했습니다. 그나마 이웃의 도움으로 장롱과 침대를 방에 들이고 나니 방이 꽉 차서 소파를 놓을 공간이 없었습니다. 이웃들은 남아 있는 가구와 짐은 다시 돌려보내는 게 어떠냐고 했습니다. 이 지역에서는 바닥에 카펫을 깔고 그 위에서 자고 먹고 마시면서 생활한다고 했습니다. 이웃들의 조언에 따라 침대와 장롱을 제외한 모든 짐을 부모님 댁으로 돌려보내기로 결정했습니다.

트럭에서 짐 내리는 일을 모두 마친 후 우리는 잠시 차를 마시면서 쉬기로 했습니다. 차를 마시기 위해 이웃에게 어디서 물을 구할 수 있느냐고 물었더니 이 아파트에는 배관 시설이 없다고 했습니다. 이 지역에서 오랫동안 생활했지만, 자신은 물 펌프가 어디에 있는지 모른다고 했습니다. 물을 길어 오는 것은 여성들의 일이었기 때문입니다. 이곳에서는 남자가 물을 길러 가는 것을 수치스러운 일로 받아들인다는 걸 알게 되었습니다. 그날부터 나는 물통을 든 수많은 여성과 아이들 사이에서 물을 긷는 유일한 남자가 되었습니다.

우리가 함께 차를 마시고 있을 때 구름 속에서 환한 태양이 나왔습니다. 나린에서는 하루에도 사계절을 경험할 수 있다는 말이 있을 정도로 날씨가 변화무쌍합니다. 따뜻한 햇살 덕분에 젖어 있던 짐이 빠르게 마를 수 있었고, 그 덕분에 이사도 무사히 마칠 수 있었습니다.

그런데 이 모든 과정이 전혀 불편하거나 답답하게 느껴지지 않았습니다. 하나님의 예비하심을 느낄 수 있었기 때문입니다. 심지어 열악한 위생 시설도 불편하게 느껴지지 않았습니다. 마흔 가구 전체가 아파트 바깥에 위치한 2개의 공동화장실을 함께 사용해야 했지만, 그런 상황들마저 편안하게 받아들여진 것은 지금 생각해도 하나님의 은혜입니다. 독일의 여러 가지 편리한 환경에서 6년간 생활했던 아내도 이 모든 환경을 무리 없이 받아들였습니다.

어느 날 밤이었습니다. 그날따라 여러 가지 생각 때문에 잠을 이루지 못했던 나는 새벽 2시에 밖으로 나가서 밝은 달을 바라보았습니다. 마치 높은 산들이 나를 향해 쏟아져 내릴 것만 같았습니다. 그런데 야심한 시간에도 불이 켜져 있는 집들이 많았습니다. 그리고 그 집에서는 아이들 우는 소리와 술 취한 남자의 고함 소리가 들려왔습니다.

다시 집으로 돌아와서 잠을 청했지만 잠이 오지 않았고, 그래서 뜬눈으로 밤을 지새웠습니다. 그리고 얼마 후 알게 된 사실은 그날이 가장들의 월급날이었습니다.

술을 마시지 않는 러시아인

우리는 그가 만드신 바라 그리스도 예수 안에서 선한 일을 위하여 지으심을
받은 자니 이 일은 하나님이 전에 예비하사 우리로 그 가운데서 행하게 하려
하심이니라

— 에베소서 2장 10절

나는 MMD에서 전기 기술자로 일했습니다. 아파트 주민들 모두
MMD의 직원이었기 때문에 이웃들과 빨리 친해질 수 있었습니다. 나린
에서는 전기 기술자가 거의 없어서 퇴근 시간을 훌쩍 넘기면서까지 일
하는 경우가 많았습니다. 먼저 아파트의 전기 배선을 수리하고 계량기
없는 집들을 다니면서 계량기 다는 일을 배정받았습니다. 계량기가 없
는 집들은 전기를 도둑질하고 있었던 것인데, 그들은 그것이 죄라고 생
각하지 않았습니다. 심지어 어떤 사람들은 나린강 유역에 수력발전소
가 있기 때문에 나린에 사는 자신들은 전기를 무료로 쓸 수 있는 권리
가 있다고 주장하기도 했습니다.

아파트에는 계량기를 거치지 않고 전봇대에서 직접 연결된 전선이

많았습니다. 주민들이 매일 밤 앞다투어 자기 집 전구를 가장 환하게 밝힐 전선에 무단으로 연결한 결과였습니다.

종종 술 취한 굴착기 운전사가 버킷을 내리지 않고 운행하다가 실수로 전깃줄을 건드려 아파트 모든 가구가 정전되기도 했습니다. 그때마다 아파트 주민들은 우리 집 앞에 모여들어 얼른 전기를 고쳐달라고 재촉하곤 했습니다. 그럴 때마다 동료 직원들을 불러 모아 함께 전봇대에 올라간 후 엉킨 전선을 다시 연결해야 했습니다. 나린의 모든 전선들은 전신주로 연결되어 있었기 때문에 나는 많은 시간을 전신주 위에서 보내야 했습니다. 아내와 딸이 거리를 걸을 때면 마그달레나는 전신주를 하나하나 살피면서 아빠를 찾곤 했습니다.

새집으로 이사한 후 처음 해야 할 일은 거주 등록을 하는 것이었습니다. 나는 이 과정이 KGB의 감시 아래 진행된다는 것을 잘 알고 있었고, 그들의 말 한마디면 마을을 떠나야 할 수도 있기 때문에 하나님께 기도하면서 기다렸습니다.

하루는 직장에서 함께 일하는 나이 많은 회계사가 부탁할 것이 있다며 찾아왔습니다. 자신의 집에 고장 난 자동차가 꽤 오랫동안 방치되어 있었는데, 독일인 전기 기사라면 고칠 수 있을 것이라고 했습니다. 그때까지 나는 차를 가져본 적이 없고 자동차에 대한 지식도 전무했지만, 그래도 한번 시도해 보겠다고 말했습니다. 감사하게도 하나님이 도와주셔서 자동차를 고치기 시작한 지 30분 만에 시동이 걸렸습니다. 노년의 회계사는 굉장히 기뻐하면서 감사의 표시로 내게 양 한 마리를 주고 싶다고 했습니다. 나는 극구 사양하면서 양보다 거주 등록이 시급하고 도움이 필요하다고 말했습니다. 그러자 회계사는 자신의 친척이 거주 등록사무소에서 근무한다며 우리의 여권을 가지고 거주 등록사무소까지 동행해 주었습니다. 그를 통해 우리는 여권에 필요한 모든 도장을 받았고 무사히 거주 등록을 마칠 수 있었습니다.

하나님은 우리에게 무엇이 필요한지 너무나 잘 아시는 분입니다. 우리는 필요한 때에 꼭 필요한 사람을 붙여 주시는 하나님 아버지의 세밀한 인도하심에 감격하면서 감사를 드렸습니다. 거주 등록 절차가 모두 마무리되자 우리 가족은 비로소 한숨을 돌릴 수 있었습니다. 이제 KGB도 우리 가족을 나린에서 내쫓을 수 없을 것이었기 때문입니다.

나린에 와서 처음 빨래하던 날도 잊을 수 없습니다. 집이 너무 좁아 세탁기를 집 바깥에 둘 수밖에 없었는데, 아내를 도와 빨래를 하고 빨래를 너는 나의 모습이 주민들에게는 너무나 신기하고 놀라웠던 모양입니다. 아내와 함께 빨래하는 나를 마을 아이들이 둘러쌌습니다. 빨래하는 남자를 처음 보는 듯했습니다. 집 안의 여인들도 창밖으로 몸을 내밀고는 동물원 원숭이 구경하듯 신기하게 쳐다보았고, 지나가던 남자들은 고개를 절레절레 흔들었습니다.

나린의 주민들은 대부분 대가족이었는데, 아이들은 마그달레나가 이제 겨우 돌이 지났음에도 불구하고 우리 집으로 놀러 오곤 했습니다. 아이들은 딸의 이름을 잊어버리지 않았는데, 때때로 거리에서 나를 만나면 마그달레나라고 부르기도 했습니다.

나린에서는 인형이나 장난감을 갖고 노는 아이를 눈을 씻고 찾아봐도 없었습니다. 딸 마그달레나도 여느 아이들처럼 길거리에서 돌을 주워 장난감 삼아 놀곤 했습니다. 나는 아이들을 위해 그네를 만들어 주었는데 아이들은 세상 다 가진 듯 즐거워했습니다. 밤이 되어 어두워지면 어른들도 살짝 나와서 그네를 타보기도 했습니다. 아이들을 위한 그네였기에 어른들의 무게를 감당할 수 없어서 자주 망가졌는데 그때마다 나는 그네를 고쳐야 했습니다.

자동차도 고치고 그네도 고치긴 했지만 나린에서 나의 주된 업무는 전기 선로를 수리하는 일이었습니다. 뚜렷한 목적 없이 살던 시절에 내가 왜 전기 기술을 배우게 되었었는지 나린에 와서야 깨닫게 되었습니다. 끊어진 전선을 연결하거나 배선을 고치고 나면 간혹 사람들은 감사의 의미로 술을 대접하려고 했습니다. 그럴 때마다 나는 술을 사양했는데, 그들은 술을 마시지 않는 러시아인을 보면서 매우 신기해했습니다. 내가 나린으로 오기 전까지 술을 마시지 않는 남자를 본 일이 한 번도 없었던 모양입니다. 사람들은 나에게 호기심을 갖고 여러 가지 질문을 했습니다. 드디어 하나님을 전할 수 있는 기회가 생기기 시작한 것입니다. 술을 입에 대지 않는 러시아인 전기 기사와 그의 신앙에 대한 소문은 마을 전체로 빠르게 퍼져 나갔고, 나의 직업은 가난한 사람이나 부유한 사람을 가리지 않고 복음을 전할 수 있는 기회를 열어주었습니다.

사람들이 노래하는 곳에 정착하라. 악한 사람들은 노래하지 않는다.

– 독일 속담

나린에서는 많은 사람들이 음주를 과하게 즐겼습니다. 한번은 이웃 중 한 사람이 내게 찾아와서 금주를 결심하려고 하는데, 도와 달라고 부탁했습니다. 술이 그의 삶에 너무 많은 문제를 일으키고 있었기 때문이었습니다. 그는 술에 취해 차를 전복시킨 적이 수없이 많았고 최근에는 술에 취해서 운전대를 찾지도 못했다고 했습니다. 술에 취한 채 뒷좌석에서 운전대를 찾다가 그대로 잠든 적도 있다며 고백했습니다.

이런 일뿐만 아니라 간혹 얼굴 붉힐 만한 상황이 일어날 때도 있지만, 우리는 나린과 이곳 사람들을 사랑했습니다. 또 하나님이 우리를 나린 땅으로 부르셨을 때 소련의 '문명'이 나린 땅에 가져온 음주 문화와 도덕적 타락에 대한 일종의 책임감을 우리 마음에 심으신 것도 점점 알게 되었습니다.

우리 집은 세 동의 아파트 중간에 있었습니다. 집이 너무 작다 보니 식사할 때 뭔가를 가지러 일어날 필요가 없을 정도였습니다. 식탁 의자에 앉은 채 벽에 걸려 있는 선반에서 필요한 모든 것을 꺼낼 수 있었습니다. 식사를 마치고 나면 아내는 키르기스 전통 좌탁을 집 밖으로 내놓아 조금이라도 공간을 확보하려고 했습니다. 좌우의 옆집과 우리 집을 분리시켜 주는 것은 얇은 합판뿐이었습니다. 그래서 밤이 되면 옆방에서 나는 TV 소리와 술에 취해 소리 지르는 사람들의 목소리가 들려왔습니다.

어느 날 밤 우리 가족은 옆집에서 들려오는 고함 소리에 잠에서 깼습니다. 우리는 깜짝 놀라 옆집 남자가 자신의 아내를 죽이려는 줄 알았습니다. 너무 놀란 내가 달려가는 동안 아내 이리나는 하나님께 기도했습니다. 옆집 문을 열고 들어가자 남자는 매우 놀란 눈치였습니다. 그런데 내가 자신의 아내를 보호하기 위해 온 것을 알자 나에게 달려들기 시작했습니다. 격렬한 몸싸움 끝에 겨우 그를 진정시킬 수 있었고, 동이 틀 때까지 그 집에서 함께 있었습니다.

그런데 그다음 날에도 같은 일이 반복되었습니다. 내가 침대에서 일어나자마자 이웃집 여자가 이번에는 내 이름을 부르면서 도움을 청했습니다. 그녀의 남편을 어떻게 진정시킬까 고민하던 중 나는 구석에 놓인 기타를 들고 이웃집으로 갔습니다. 문을 열고 들어가자 남자는 또 나에게 달려들었습니다. 그런데 내 손에 들린 기타를 보더니 그 자리에 멈추는 게 아닙니까? 내가 기타를 연주할 수 있다는 사실을 알게 된 남자는 노래 한 곡을 연주해 달라고 요청했습니다. 내가 노래하기 시작하자 잠잠하던 그는 한 곡이 끝나자마자 다시 공격적인 모습을 보였습니다. 그러다가 내가 다시 노래를 하면 진정하는 듯했습니다. 다윗이 사울을 위해 노래했던 것처럼 나는 옆집에서 오랜 시간 동안 노래했습니다.

나린 땅에서 가장 먼저 예수님을 구주로 영접한 사람은 아킨^{Akin}이라는 이웃집 여자였습니다. 그녀의 남편 바킷^{Bakyt}은 술에 취하면 자기 아내를 심하게 때렸습니다. 아킨은 그럴 때마다 우리 집으로 도망쳐 와서 숨었고, 이리나는 그녀와 긴 시간 대화를 나눌 수 있었습니다.

아킨이 예수님을 영접하자 그녀의 남편은 두 아이를 데리고 떠나버렸습니다. 물론 얼마의 시간이 지난 후에 다시 돌아왔지만 이전보다 더 심하게 폭력을 휘둘렀습니다. 어느 겨울밤 아킨이 다시 우리 집으로 도망쳐왔습니다. 그러자 바킷은 큰 칼을 들고 아킨을 찾으러 왔는데 나는 그에게 문을 열어주지 않았습니다. 그러자 그는 창문을 부수고 들어오려고 했습니다. 아킨은 소리 지르기 시작했고, 아킨과 이리나 그리고 딸이 걱정되었던 나는 바킷에게로 나갔습니다.

집 밖에서 보았던 광경은 참혹했습니다. 바킷은 깨진 유리 때문에 팔 여기저기가 찢어져서 피를 뚝뚝 흘리고 있었는데, 그 와중에도 나를 공격하려고 했습니다. 바킷을 붙잡아 칼을 떨어뜨리게 한 후 그의 집으로 끌고 들어갔습니다. 바킷의 상처를 치료해 주었더니 그제야 흥분이 가라앉는 듯했습니다. 날씨가 매우 추웠기 때문에 이리나는 깨진 창문을 베개로라도 막아야 했습니다. 아킨이 이리나와 함께 우리 집에 있는 동안 나는 바킷의 집에서 그와 함께 있었습니다.

몇 주 후 바킷은 우리 집에 와서 어떻게 하면 예수님을 영접할 수 있느냐고 물었습니다. 나는 너무나도 기뻤습니다. 그와 함께 예수님을 영접하는 기도를 했고, 바로 그 순간으로부터 바킷은 술을 입에 대지 않았습니다. 바킷의 직장 동료들도 달라진 그의 모습에 놀라워했습니다. 이뿐만이 아니었습니다. 우리는 또 다른 변화를 그의 모습에서 목격할 수 있었습니다. 임신한 아내를 위해 바킷은 밤마다 물 펌프로 가서 물을 길어 오기 시작한 것입니다. 그가 진정한 겸손의 모습을 보여주기 시작한 것입니다.

바킷이 예수님을 영접한 후 얼마 지나지 않아 회사 대표가 나를 불렀습니다. 바킷에게 내가 무슨 짓을 한 것이냐고, 그가 어떻게 갑자기 술을 끊었느냐고 캐물었습니다. 쿠르만베크 씨에게 그것은 내가 한 것이 아니라 하나님이 하셨다고 대답했습니다. 대표는 굉장히 궁금해했습니다. 그는 내게 성경을 하나 구해 줄 수 있느냐고 물었고, 직원들이 술을 끊을 수 있도록 도와준다면 나를 부대표의 자리에 앉히겠다고 말했습니다.

흔히 무슬림들은 술을 마시지 않는다고 생각합니다. 하지만 키르기스 사람들이 믿는 이슬람 신앙은 토속 신앙이 혼합된 민속 이슬람folk Islam이라 경전 중심의 정통 이슬람과는 분명한 차이가 있습니다.

영적 굶주림

사랑에는 힘이 있다. 그것은 완고한 사람의 마음을 허물어뜨릴 수 있는 유일
한 힘이다.

– 필립 얀시 | Philip Yancey

나린에서의 처음 며칠 동안 나는 스스로가 복음 그 자체보다 종교
적·문화적 전통에 많이 매여 있음을 깨닫게 되었습니다. 그리고 나린
이라는 선교지에서 생활하면서 복음의 핵심과 상관없는 전통들을 하나
씩 벗어 던질 수 있었습니다.

어느 주일 오전에 우리 가족은 가족 예배를 드리고 있었습니다. 내가
성경 말씀을 읽었고 온 가족이 함께 아코디언 반주에 맞춰 찬양을 불렀
습니다. 한창 예배를 드리던 중이었는데 이웃에 사는 사람이 찾아와서
도움을 요청했습니다. 건물을 짓는 중에 기초 공사를 하는 데 나의 도
움이 필요하다고 했습니다. 그 말을 들은 나는 "기독교 신자들은 주일
에 일을 하지 않기 때문에 내일 도와줄 수 있을 것 같다"고 말했습니다.
그는 내 말을 이해하지 못했지만 "방해해서 미안하다"고 말하면서 돌아

갔습니다.

그런데 그가 가고 난 후 우리 가족은 더 이상 기쁘게 찬양할 수 없었습니다. 마음속에서부터 또 하나의 갈등이 시작된 것입니다. 이리나에게 "어쩌면 하나님은 내가 저 사람을 도와주길 원하시는 것일지도 모르겠어"라고 얘기했습니다. 곧장 나는 아코디언을 내려놓고 삽을 들고 그를 돕기 위해 나갔습니다.

도착해 보니 이미 많은 남자들이 모여 있었습니다. 내가 온 것을 보자 그들은 "아, 이젠 일할 수 있는 거야?" 하면서 비아냥거렸습니다. 나는 일할 수 있다고 대답하고는 함께 땅을 팠습니다. 잠시 후 몇몇 여자들이 자르마djarmah; 곡물을 발효시켜 만든 음료를 새참으로 가져왔고, 바위에 걸터앉아 자르마를 마시면서 휴식을 취했습니다. 우리는 자연스럽게 대화하다가 하나님에 대해 이야기를 나누게 되었습니다. 일을 마친 저녁에도 하나님에 대한 대화를 이어 나갔습니다. 그 이웃의 기초공사를 도와주고 집에 돌아온 나는 하나님께 그날이 우리 교회의 첫 예배였다고 고백했습니다.

주일이 되면 나는 종종 이웃들과 함께 시장에 갔습니다. 시장은 새로운 사람들을 만나고 친구들을 사귈 수 있는 좋은 기회였기 때문입니다. 당시 이웃 가운데 으르스굴yrysgul이라는 젊은 아가씨가 폐결핵을 앓고 있었습니다. 이리나는 그녀와 빠르게 친구가 되었고 으르스굴은 마치 아이처럼 예수님을 신뢰하게 되었습니다. 으르스굴은 키르기스 사람 가운데 가장 먼저 기독교인이 되었습니다. 나는 으르스굴의 이야기를 절대 잊지 못할 것입니다. 그녀의 간증은 엄청난 충격과 도전을 주었는데, 키르기스 민족이 영적으로 갈급한 민족이고 하나님이 그들의 마음에 복음을 위한 자리를 예비하셨다는 확신을 갖게 해주었기 때문입니다.

으르스굴의 어머니는 몰도moldoh; 이슬람 성직자를 집으로 불러서 종종 함께 쿠란을 읽고 기도했습니다. 그런데 시간이 흐르면서 으르스굴은 몰도가 어머니에게 경제적인 이득을 취하고 있다는 사실을 알게 되었고, 어머니를 나무라기도 했습니다. 몰도가 와서 한 번 기도할 때마다 양 한 마리나 밀가루 한 포대를 받아갔기 때문입니다. 그녀는 어머니에게 더 이상 몰도를 집에 들이지 않았으면 좋겠다고 했지만, 어머니는 오히려 강하게 반문했습니다.

"어리석은 소리 하지 마라. 우리 모두는 전능하신 분 앞에 죄인의 신분으로 서게 될 거야. 어떻게 우리 스스로 구원받을 수 있겠니? 우리는 기도하는 방법조차 모르지 않니? 몰도는 우리를 위해 기도해 준단다. 전능하신 분께서 우리를 위한 그의 기도를 들으시고 자비를 베풀어 주실지도 모르지 않니? 그렇지 않다면 우리는 멸망하고 말 거야. 이런 상황에서 돈이나 양이 무슨 소용이 있니? 다 가져가도 좋아. 어차피 죽을 때 아무것도 갖고 가지 못하잖아?"

예수님을 믿게 된 라캇Rakhat이라는 청년의 간증도 생생합니다. 나린에서 오랫동안 살았던 라캇의 할아버지는 어느날 아픈 친구의 집을 방문했습니다. 친구의 집에 도착했을 때 할아버지는 창문으로 새어 나오는 쿠란의 기도문을 들었습니다. 할아버지는 친구의 건강이 좋아졌다고 생각하면서 문을 열었는데 친구는 이미 죽어 있는 것이었습니다. 친구의 시신은 침대에 누운 채로 있었고 이마에는 기도용 깔개소형 융단를 올려놓고 있었습니다. 기도용 깔개를 이마에 올려놓으면 자신들의 신이 기도를 들어 줄 것이라 생각했기 때문입니다. 그 친구는 죽음이 가까이 다가오는 것을 느끼면서 간절히 기도했지만, 이마가 기도용 깔개에 눌린 채 죽을 수밖에 없었던 것입니다.

이런 이야기들은 내게 여러 가지를 생각하게 만들었습니다. 하루는 라캇이 내게 언제부터 예수님을 알았는지, 그리고 왜 좀 더 일찍 복음을 들고 이 산골에 오지 않았는지 물었습니다. 그의 할아버지가 살아 계셨을 때 왔더라면 하는 아쉬움이 묻어나는 질문이었습니다. 라캇의 질문에 깊은 슬픔이 배어 있는 것을 느낄 수 있었지만 대답할 말을 찾을 수 없었습니다.

키르기스 민족을 보면서 마치 발자국 하나 없는 눈 덮인 들판에 첫 도로를 건설하는 과업을 받은 것처럼 책임감을 느끼게 되었습니다. 우리는 성경 교육이나 선교 훈련을 받지 못했고 특별한 선교 활동 경험도 없었습니다. 게다가 우리를 후원하는 선교 단체도 없었기 때문에 모든 상황 가운데 하나님을 의지할 수밖에 없었습니다. 키르기스 민족과 더불어 살고 삶을 함께 나누면서 우리 집과 마음을 그들에게 여는 일 외에는 우리가 할 수 있는 일이 없었습니다. 그것이 우리에게는 선교였습니다.

시간이 갈수록 분명히 알게 된 것은 우리가 전하고자 하는 복음에 전통적이고 문화적인 요소들이 뒤엉켜 있다는 사실이었습니다. 성경이 말하는 것이 아니라 독일과 러시아뿐만 아니라 유럽의 전통과 문화들이 뒤섞여 있었는데, 이것들을 벗겨내야 한다는 사실을 분명히 알게 되었습니다. 또 복음을 받아들이고 기독교인이 됨과 동시에 키르기스 민족은 그들의 문화와 민족성을 지키면서 키르기스인으로 남아야 한다는 사실을 이해하게 되었습니다. 이제 키르기스 교회들은 키르기스 문화와 전통을 지키는 것이 합당하다고 생각하게 되었습니다. 문화와 전통 가운데 있는 죄만 제거하면 충분합니다.

사람들은 복음의 빵을 거부하지 않다가 빵을 대접하는 접시를 거부하는 바람에 빵과 접시 모두를 거부하곤 합니다. 우리는 키르기스 민족과 더불어 살 수 있는 지혜를 달라고 하나님께 기도했습니다. 그리고 하나님은 키르기스인들이 자신들을 위해 살아가는 우리의 모습을 지속적으로 보게 된다면 우리가 전하는 복음을 받아들이게 될 것이라고 말씀해 주셨습니다.

문화를 접하다

오직 마음을 통해서만 바로 볼 수 있다. 정말 중요한 것은 눈에는 보이지 않기 때문이다.

– 생텍쥐페리

키르기스스탄의 산골 마을에는 공적인 관계라는 말이 없었습니다. 모두가 하나의 대가족처럼 살아가는 곳이기 때문입니다. 마을 사람들은 이웃으로부터 필요한 것을 빌리고 빌려주는 일이 너무나 자연스러운 듯했습니다. 미래를 위해서 저축하거나 부를 쌓기 위해 애쓰는 사람은 거의 없었습니다.

"그러므로 내일 일을 위하여 염려하지 말라 내일 일은 내일이 염려할 것이요 한 날의 괴로움은 그 날로 족하니라"마태복음 6장 34절

나린 사람들은 이 말씀을 정말 좋아했습니다. 그들은 문자 그대로의 말씀을 삶에 적용하면서 살아가고 있었습니다.

이웃들은 필요한 음식이나 작은 물건을 빌리기 위해 우리 집에도 자주 왔습니다. 작은 전기 오븐도 여러 집을 돌고 돌아 다시 우리 집으로

돌아오곤 했습니다. 수년의 시간 동안 전기 오븐의 전원이 꺼졌던 시간은 이 집에서 저 집으로 이동되는 시간밖에 없었을 것이라고 생각될 정도였습니다. 그런 가운데 오븐이 한 번도 고장 나거나 부서지지 않은 것을 두고 하나님의 기적이라고 얘기하는 사람들도 있었습니다. 어떤 경우에는 영화관에 영화를 보러 가기 위해 재킷이나 신발을 빌리러 오기도 했고, 물을 끓일 냄비를 빌리러 오기도 했습니다. 그럴 때마다 "드디어 우리도 그들의 가족의 일원이 되었구나!"라는 생각에 가슴이 벅차올랐습니다.

하루는 땅에 구덩이를 파고 있었는데 이웃이 내가 일하는 모습을 보고 도와주기 시작했습니다. 두 시간에 걸쳐 구덩이를 파고 나서 우리는 함께 그 자리에 앉아 차를 마셨습니다. 그런데 차를 다 마시고 나서도 그는 집에 가지 않았습니다. 직감적으로 내게 부탁할 일이 있음을 느꼈습니다. 나는 그에게 무엇이 필요하냐고 단도직입적으로 물었고, 그는 사실 아이에게 먹일 우유를 부탁하기 위해 찾아왔다고 털어놓았습니다. 이웃의 말은 내 귀를 의심할 만한 이야기였습니다. 우유를 가져오겠다는 아버지를 아이가 집에서 7시간째 기다리고 있을 텐데 왜 빨리 말하지 않았냐고 물었습니다. 그랬더니 자신의 필요를 바로 말하는 것은 자신들의 예의에 어긋나는 일이라고 대답했습니다. 그는 여러 질문을 통해서 상대가 자신의 필요를 알아주길 바랐던 것입니다.

나는 그렇게 몸으로 부딪쳐가면서 키르기스의 문화를 하나하나 배우게 되었습니다. 그들은 관계 형성이 먼저 된 후에야 해결해야 할 문제들에 대해 이야기를 나누었습니다. 그렇기 때문에 누군가 우리 집에 찾아왔을 때 제일 먼저 해야 할 일은 손님과 함께 다과를 나누는 것이었습니다. 그리고 나서야 그에게 왜 찾아왔는지 물을 수 있었습니다. 또 손님이 집에 온다면 배가 고픈지 물어보지 않고 그저 손님을 식탁으로 초대하는 것이 키르기스인들의 문화입니다. "시장하십니까?"라는 질문을 키르기스 사람들은 예의 없는 질문으로 받아들였습니다. 엄청난 요리를 대접할 필요는 없습니다. 각 가정의 상황에 맞게 차 한 잔과 빵 한 조각이면 충분합니다. 물론 집에 고기 요리와 달콤한 간식이 있다면 키르기스 사람들은 당연히 손님들에게 대접할 것입니다. 아이들을 위해 남아 있는 음식까지도 말입니다.

집에 찾아온 손님이 너무 바빠서 집 안으로 들어오기를 꺼린다면 키르기스 사람들은 창문 밖으로 빵 한 조각이라도 내밀어야 안도합니다. 그리고 배가 부르거나 바빠서 얼른 자리를 떠나야 할 때라도 빵 한 조각을 맛보는 것으로 주인의 호의에 감사를 표하는 것이 키르기스의 문화였습니다. 심지어 키르기스의 격언 중에는 "갑자기 찾아온 손님은 하나님의 천사와 같다"라는 말이 있을 정도로 키르기스인들은 손님을 잘 대접합니다. 아브라함이 하나님의 천사들을 알아보지는 못했지만, 그들을 극진히 대접한 것에서 유래한 격언이었습니다.

키르기스의 전통문화에서는 성경에서 볼 수 있는 여러 관습을 발견할 수 있는데, 그럴 때마다 놀라움을 금치 못했습니다. 무사태평한 듯 보이는 그들의 느긋함과 관대함은 나에게 늘 새롭게 다가왔습니다. 하루나 일주일의 계획을 세우는 것은 그들에게 상상조차 못할 일이었으며, 겨울을 나기 위해 식량을 비축해 두는 일도 매우 생소한 개념이었습니다. 누군가 그들에게 "오늘 계획이 뭐예요?"라고 묻는다면 십중팔구는 "오늘 하루가 우리에게 보여줄 것입니다"라고 대답할 것입니다.

키르기스 여인들은 남편이 일을 마치고 집에 돌아오면 그제야 요리를 시작하는데, 남편에게 자신이 열심히 일하는 모습을 보여주기 위해 그렇게 한다고 말합니다. 남편이 일터에서 돌아오면 먼저 차를 내어오고 그가 차를 마시면서 쉬는 동안 저녁 식사를 준비합니다. 여인들은 케스메kesmeh라는 전통 고기 국수를 그런 방식으로 요리했습니다.

우리 가족도 곧 그들의 생활방식에 적응하기 시작했습니다. 아내 이리나도 그들처럼 저녁이 된 후에 요리하기 시작했고, 그 전에는 간단히 차를 마셨습니다. 나린에서는 다양한 키르기스 전통 요리를 접할수 있었는데, 진정한 고기의 맛을 볼 수 있다는 양 머리 고기와 추추카 chuchuka, 말고기로 만든 소시지 그리고 곱창을 포함한 다른 진귀한 요리들도 경험하게 되었습니다. 또 키르기스의 전통 음료들, 예를 들어 자르마 djarmah; 곡물을 발효시켜 만든 음료, 크므즈kumys; 마유로 만든 발효 음료, 아크 세르케 ak serkeh; 발효 유제품으로 만든 수프, 아이란ayran; 요구르트 같은 우유 발효 음료 등의 음료를 즐겨 마시게 되었습니다.

키르기스 사람들은 유목민이었기 때문에 그 영향으로 인해 오늘날에도 집이나 음식에 있어 허세와 꾸밈이 없습니다. 이웃에 사는 한 사람은 양을 도축하면서 "고기는 모든 종류의 비타민을 다 갖고 있어요"라고 얘기하곤 했습니다. 그들은 또한 성경을 읽기보다는 고이 모셔두는 습관이 있었습니다. 내가 그들에게 인질Injil; 이슬람에서 복음서를 이르는 말을 선물했을 때 그 성경을 솔에 싸서는 상자에 넣어 보관하곤 했습니다.

아시아인이라는 특성 때문인지 모르겠지만 키르기스인들은 느긋한 생활방식을 유지하고 있었기 때문에 언제나 여유 시간을 누렸습니다. 아침에 출근하면 둘러앉아 오랜 시간 담소를 나누는 것이 그들의 문화였습니다. 이웃 마을에서 손님이 말을 타고 오면 하루나 이틀이 아니라 일주일씩 머무는 게 그들의 풍습이기도 했습니다. 만약 차를 타고 가다가 간식을 먹어야 한다면 그 즉시 차를 세우고 도로변에서 천천히 난 Naan; 발효된 반죽을 화덕에 구워낸 납짝 빵과 자르마를 먹습니다. 차 안에서 운전하면서 간식을 먹는 것은 그들의 관습에 어긋나는 일이었습니다. 아무리 바빠도 그들은 자신들의 관습을 지켰습니다. 라캇이 "키르기스 사람들이 음식을 먹을 때는 시간도 멈춘다"라는 말을 했는데, 그 의미가 단번에 이해되었습니다.

만일 누군가 약속 시간에 늦었다면 "제가 늦었습니다"라는 말 대신 키르기스인들은 "버스가 나를 기다려주지 않았습니다"라고 말할 것입니다. 키르기스 사람들은 집을 지을 때도 완공을 위해 서둘러 여름 땡볕에서 일하기보다는 겨울이 다가오기 시작할 때 슬슬 시작하곤 합니다. 따뜻한 여름의 날들을 공사하는 데 '허비하면' 안 된다고 생각하기 때문입니다. 그러다가 가을이 되면 방 한 칸 지어 놓고 온 가족이 그 방에서 함께 겨울을 나는 그런 민족입니다.

하루는 이웃집 어머니가 자녀의 집을 방문했습니다. 그녀는 우리 집에도 놀러 오면서 양모로 손수 뜬 양말을 가져와서 선물해 주었고, 우리 딸 마그달레나를 마치 손녀처럼 다정하게 대해 주었습니다. 그 어머니를 보면서 만일 누군가 하나님을 위해 자신의 부모와 사랑하는 사람들을 떠난다면 수백의 아버지와 어머니를 얻게 될 것이라는 예수님의 말씀을 떠올렸습니다. 이웃들 중에서 누구든지 양을 잡으면 언제나 우리를 초대해서 함께 베쉬바르막beshbarmak; 키르기스스탄의 전통 고기요리, '다섯 손가락'이란 뜻으로 이 음식을 손으로 먹는 데서 유래한 이름을 나누곤 했으며, 남은 고기를 싸서 집에 가져다주기도 했습니다.

직장에서 현장감독인 토리엘Toriel 씨를 알게 되었는데, 그는 유머 감각이 뛰어난 사람이면서 책 읽기를 좋아했습니다. 내게 성경책이 있다는 사실을 안 그는 성경을 빌릴 수 있겠냐고 물었고 나는 흔쾌히 성경책을 건네주었습니다. 그가 굉장히 기뻐하면서 성경책을 받아간 이후로 그와의 우정이 시작되었습니다.

그는 평범한 사람이 아니었습니다. 요한계시록을 모두 읽고 내게 와서 "나는 새 예루살렘에 가고 싶지 않아"라고 말했습니다. 그 이유를 묻자 엔지니어로서 성경에 기록된 도시의 면적을 계산해 보았는데 구원받은 사람들 모두를 수용할 수 있을 만한 공간이 안 된다는 것이었습니다. 통조림 캔에 든 생선이 새 예루살렘보다 훨씬 더 여유로운 공간을 즐길 수 있을 것이라며 웃는 그가 내게는 무척 경이로웠습니다.

토리엘 씨는 또 사도 바울의 말에 동의할 수 없다고 했습니다. 사도 바울이 고린도후서 5장 7절에서 "믿음으로 행하고 보는 것으로 행하지 않는다"라는 말을 하는데, 정작 바울 자신이 세 번째 천국에 갔을 때 모든 것을 보지 않았느냐고 내게 항변하기도 했습니다. 성경의 진리를 이해하지 못했기 때문에 가끔 그의 말이나 표현이 지나치다고 생각할 때도 있었지만, 그럼에도 성경 말씀에 대한 그의 관심에 대해서는 무척 감사했습니다.

하루는 그가 베쉬바르막을 함께 먹자며 우리 가족을 초대했습니다. 이전에 그의 가족을 만난 적이 있는데, 그날은 자신의 친척들까지 우리에게 소개해 주었습니다. 나린처럼 해발 고도가 높은 곳에서는 물이 섭씨 80도에서 끓기 때문에 고기를 익히는 데 더 많은 시간이 걸립니다. 우리는 베쉬바르막의 고기가 익는 긴 시간 동안 함께 차를 마시면서 오랜 대화를 나눌 수 있었습니다.

시간이 많이 늦은 데다 어린 딸이 잠자리에 들 시간이 되어 이리나는 딸을 재우러 가야겠다고 양해를 구한 후 식사 초대에 감사하고 먼저 집으로 돌아갔습니다. 나는 더 남아서 그들과 함께 있었는데, 아내가 떠나고 얼마 지나지 않아 식사가 나왔고 토리엘 씨의 표정이 별로 좋지 않았습니다. 다음 날 그는 이리나가 식사를 하지 않고 먼저 집으로 간 것이 얼마나 예의에 어긋난 것인지와 친척들 앞에서 자신의 호의를 무시한 것이라고 말했습니다. 우리는 다시 한번 그들의 관습에 대한 무지를 사과했고, 이 일을 계기로 손님을 대접하는 그들의 문화를 마음속 깊이 이해하게 되었습니다.

우리는 키르기스 사람들과 그들의 생활 전반에 걸친 관습에 적응해 나갔는데, 문화와 관습에 대한 적응이 키르기스 언어를 습득하는 것보다 훨씬 빨리 이루어졌습니다. 러시아어가 공용어인 데다 나린의 많은 사람들은 우리 가족들과 키르기스어보다 러시아어로 대화하는 것을 좋아했기 때문입니다.

오병이어

사랑 없이 줄 수는 있지만 주지 않으면서 사랑할 수는 없다!

– 드한의 『매일의 양식』 중에서

나린으로 이사 와서 제일 먼저 한 것은 아파트에 샤워실을 짓는 일
이었습니다. 아파트 건물에 배관 시설이 안 되어 있었지만, 아내와 딸
을 위해 샤워실은 너무나도 필요했기 때문입니다. 먼저 아파트 밖 공터
에 구덩이를 파서 집 안에 설치한 배출 호스를 통해 오수가 쉽게 자갈
밭 사이로 흘러나갈 수 있게 했습니다. 그러고 나서 30리터짜리 물탱크
를 집 안쪽 구석에 설치한 후 주위로 벽을 쌓았고, 멀리 떨어진 물 펌프
에서 물을 길어와서 물탱크를 채우고 전기 코일로 데워 씻을 수 있도록
했습니다.

가끔 이웃들이 샤워실을 사용하러 오기도 했는데, 한 사람이 샤워실
을 쓰는 동안 우리는 둘러앉아 차를 마시면서 복음을 전했고, 그들은
우리에게 자신들의 관습에 대해 말해 주었습니다. 이웃들이 샤워실을
사용하기 위해 올 때마다 풍성한 대화의 장이 마련된 것입니다!

나린은 높은 산 중턱에 위치한 마을이라 겨울에는 굉장히 추웠고, 1년 중 8개월은 난로를 때야 했습니다. 그런데 겨울에 사용할 석탄을 여름철에 미리 준비하는 집은 나린에서 우리 가족이 유일했습니다. 미래를 대비해 무언가를 한다는 것이 나린에서는 일반적이지 않았기 때문입니다. 트럭에서 석탄을 하차하는 나를 보면서 동네 아이들은 비웃곤 했습니다. 햇볕이 따뜻하게 내리쬐는 포근한 날씨가 연일 계속되었기 때문입니다. 겨울에 석탄을 구하는 것은 매우 힘들었는데, 그런데도 이곳 사람들은 겨울을 대비해 석탄을 미리 준비하지 않았습니다.

　　나린에서의 첫 겨울을 맞았을 때 난로에 석탄이 어느 정도 필요한지 가늠할 수 없었기 때문에 충분한 양의 석탄을 준비하지 못했습니다. 겨울이 되면 많은 가난한 사람들이 나린주의 석탄저장고에서 석탄을 훔

수사미르(Suusamyr)의 5월의 설경. ⓒ 박군서

치곤 했습니다. 바킷은 예수님을 믿게 된 후 술을 끊었을 뿐 아니라 석탄 훔치는 것도 할 수 없었습니다.

　어느 날 바킷은 우리 집에 와서 집에 석탄이 없다는 고민을 나누었습니다. 나는 바킷에게 우리 집 석탄을 나눠 주면서 함께 쓰자고 했습니다. 그런데 며칠 후 친하게 지내던 이웃 한 명이 찾아왔습니다. 그는 바킷에게 석탄을 나누어 주었다는 사실을 들었다면서 자신도 석탄이 없는데 어떻게 바킷에게만 줄 수 있냐고 따져 물었습니다. 결국 그에게도 석탄을 나누어 주었습니다. 그들은 그다음에도 계속 우리 집에 찾아와서 석탄이 필요하다면서 석탄 창고 열쇠를 달라고 요청했습니다. 이런 일이 반복되자 창고 열쇠를 건네주는 것에 지친 나는 더 이상 창고를 잠그지 않게 되었습니다. 밤이 되면 다른 집 아이들도 와서 자유롭게 석탄을 가져가는 것을 보았습니다.

　그런데 참 놀라운 것은 우리 집 창고의 석탄이 겨우내 떨어지지 않았다는 것입니다. 덕분에 우리 가족뿐 아니라 이웃들 모두가 겨울을 따뜻하게 지낼 수 있었습니다. 날씨가 풀리고 봄이 왔을 때 나는 이웃들을 초청해서 창고에 아직 남아 있는 작은 석탄 더미를 보여줬습니다. 우리는 이것이 하나님께서 하신 일임을 확신하게 되었고, 그로 인해 감사의 찬양을 올려드렸습니다.

친구들을 그리워하다

인생은 뒤돌아볼 때라야 이해할 수 있다. 그러나 우리는 늘 앞을 보며 살아
가야 한다.

– 쇠렌 키르케고르

나린으로 이사할 때 많이 도와주었던 믿음직스러운 친구 그리샤
Grisha는 당시 내 가족과 친구들 사이를 연결해 주는 유일한 창구였습니
다. 그는 나린으로 올 일이 있을 때마다 우리 집을 방문해 주었고, 편지
와 소포 그리고 고향 소식을 전해 주었습니다. 가끔 그의 낡은 카마즈
트럭이 고장 나서 꼬질꼬질하고 지친 몰골로 나타나기도 했는데, 그때
도 그리샤는 여전히 하나님의 전령처럼 느껴졌습니다.

또 가끔은 추이Chuy 지역의 교회 형제들이나 친구들이 방문했는데,
그럴 때마다 우리는 그들로부터 많은 격려와 위로를 받았습니다. 어렸
을 때부터 친구이자 멘토였던 게나 포트Gena Fott는 키르기스어 성경 번
역을 준비하면서 키르기스 민족의 부흥을 위한 기도 모임을 조직해 간
절히 기도하고 있었습니다. 그도 키르기스 민족의 부흥에 대해 사명감

을 강하게 느끼고 있었습니다. 그렇게 우리는 추이 지역의 여러 교회로부터 많은 영적 후원을 받고 있었습니다.

아내는 내가 고향 친구들을 그리워하는 모습을 보면서 안타까워했습니다. 프룬제로 향하는 고속도로가 집 근처를 지나갔는데, 종종 프룬제 번호판을 단 차들을 물끄러미 바라보곤 했습니다. 그럴 때마다 '저 차를 탄 사람들은 10시간이면 프룬제에 도착하겠지'라는 생각을 하면서 친구들을 만나는 것도 자유롭지 못한 내 현실을 두고 서글퍼하기도 했습니다. 군 복무 때도 고향을 떠나 있기는 했지만 적어도 2년 후면 돌아갈 수 있다는 사실이 위로가 되었습니다. 그런데 나린에서의 생활은 종신 군 복무처럼 느껴져서인지 그리움이 더했습니다. 물론 군 복무와 다른 점이라면 자발적인 복무라는 것입니다.

춘쿠르착(Chunkurchak)에서 내려다 본 봄 풍경. ⓒ 박군서

어느 날 추이 지역 문화의 집Soviet House of Culture; 구소련 국가의 여가 활동 시설에서 열리는 복음주의 모임에 친구들이 나를 초청했습니다. 그동안 산 아래에는 많은 변화가 있었습니다. 시대가 바뀐 것입니다. 페레스트 로이카perestroika; 1986년 이후 구소련 고르바초프 정권이 추진했던 민주화·자유화 정책 개 혁이 전개되고 있었으며, 이전에는 꿈꿀 수조차 없던 일들이 현실이 되 고 있었습니다. 이리나는 내가 모임에 참여하고 싶어 한다는 걸 알고 기꺼이 보내주었습니다.

행복한 시간이었습니다. 문화의 집 강당에는 사람들이 가득했고 우 리는 함께 악기를 연주하면서 찬양했으며, 그리스도 예수에 대해 나누 었습니다. 준비된 순서가 모두 끝난 뒤 친구들은 다시 고향으로 돌아오 라고 간청했습니다. 영적 부흥과 복음 전파를 위한 엄청난 기회가 그들 앞에 열려 있었기 때문에 함께하기를 원했습니다. 반면에 나린 땅에서 의 영적 부흥은 여전히 멀게만 보였습니다. 저는 엄청난 갈등을 느꼈습 니다. 늘 하나님의 잃어버린 양들을 찾아가 자유롭게 복음을 전하는 소 망을 품고 있었기에 큰 갈등이 느껴졌습니다.

그런데 나린으로 돌아오는 길에 하나님은 내게 어린 시절을 기억나 게 하셨습니다. 알을 품고 있는 암탉을 유심히 바라보고 있던 내게 누 군가 암탉이 알을 부화시키려면 어떻게 해야 하느냐고 물었습니다. 나 는 알이 부화할 때까지 품고 기다려야 한다고 대답했습니다. 무엇보다 중요한 것은 알을 따뜻하게 품어주기 위해 암탉이 둥지를 떠나면 안 된 다는 것이었습니다.

어린 시절을 회상할 때 떠올랐던 그 질문은 마치 하나님이 내게 하시는 질문처럼 느껴졌습니다. 나린 땅의 영적 알들이 부화하기 위해서 내가 그 둥지를 떠나면 안 된다는 생각이 들었습니다. 그런 마음이 들자 나는 하나님이 내게 맡기시고 마음에 품게 하신 사람들을 신실하게 섬길 수 있도록 도와주실 것을 간구했습니다.

잔디를 깎는 것은 쉽지만 굵은 나무를 베려면 인내가 필요하다는 사실을 우리는 잘 압니다. 때로는 영적으로 힘겨운 시간이기도 하지만, 하나님이 보내신 그 땅에 내가 계속 있어야 한다는 사실을 깨달았습니다.

가끔 마을을 거닐다가 지나가는 사람들을 보면서 하나님께 고백했습니다.

"하나님, 어쩌면 저 사람은 설교자가 되고 또 저 사람은 복음을 전하는 사람이 될 수 있겠지요? 저들과 저들의 앞날을 비록 저는 알지 못하지만 주님은 다 아십니다."

그런 내게 하나님은 사도행전 18장 9~10절 말씀을 통해 "침묵하지 말고 말하라 … 이 성중에 내 백성이 많음이라"고 말씀하셨습니다. 그럼에도 여전히 외로움을 느낄 때면 찬양을 통해 나의 외로움을 주님께 올려드렸습니다.

예수님이 승천하시며 약속하셨네
내가 항상 너희와 함께하리라
나의 아버지 하나님의 나라,
너희가 갈 그곳을 내가 예비하리라
그리고 너에게 돌아와

너와 함께 거하리라

오, 주여! 나는 그 나라를 보기 원합니다

내 영혼이 다시 살아날 그 땅을 그리워합니다

저 멀리 있는 내 본향을

하늘의 광활한 왕국을 바라볼 때

내 마음은 평화를 갈구합니다

이 땅에서의 삶을 살아내는 것이 점점 어려워집니다

희망을 노래하는 것도요

눈물과 역경 그리고 어두운 이 땅의 삶에 지쳐갑니다

고향 땅으로 언제 갈 수 있을까요?

아버지 품에 언제 안길 수 있을까요?

슬픔의 계곡에서는 자주

연약한 나의 노랫소리가 끊어집니다

그러나 나는 곧 나아갈 것입니다, 당신의 나라로

찬양 소리가 우렁차게 들릴 그 땅으로

어린 양을 찬양하는 천국 시민의 노랫소리가 울려 퍼지는,

웅장한 성가대와 함께 나의 하프 연주가

영원히 끊어지지 않을 그 땅으로!

우리 부부의 결혼을 준비하신 하나님

추억만이 누구도 우리를 쫓아낼 수 없는 유일한 파라다이스다.

– 장 파울 리히터 Jean Paul Richter

나린강이 집 근처에 있었기 때문에 봄이 되어 눈이 녹을 때면 거칠게 흐르는 물소리를 집에서도 들을 수 있었습니다. 가끔 직장에서 일거리가 없을 때면 이리나와 어린 딸을 데리고 강가에서 함께 성경을 읽었습니다. 이리나와 나는 바위에 앉아 오랜 시간 함께 성경을 읽었고 마그달레나가 강에 돌을 던지는 것을 지켜보면서 많은 대화와 기도를 할 수 있었습니다. 하나님이 주신 약속의 말씀을 읽고 기억하면서 우리의 의심과 불신을 전능하신 하나님께 올려드렸습니다. 지난 세월을 돌아보면 삶의 굽이굽이마다 하나님의 기적이 있었습니다. 그중에서도 가장 놀라운 기적은 그렇게나 오래 떨어져 있었던 이리나와 내가 부부가 된 것입니다.

나는 독일로 가기 위해 수차례 비자를 신청했고, 반대로 이리나는 소련으로 돌아오기 위해 애를 무던히도 썼습니다. 하지만 그때마다 우리의 기대와 소망은 번번이 무너졌습니다. 혼인 신고를 위해 여러 방법으로 시도하면서 애썼지만 모두 실패했습니다. KGB가 항상 우리를 쫓아다니면서 우리의 계획을 사전에 철저히 차단했기 때문입니다.

한 번은 레닌그라드에서 만나기로 계획을 세웠습니다. 나는 이리나와 만나기 한 달 전에 레닌그라드에 도착했고, 키르기스스탄 거주 등록을 해제한 후 레닌그라드에 거주 등록을 하려고 했습니다. 그것은 쉬운 일이 아니었습니다. 그 일을 위해서는 우선 직장을 구해야 했고 거주 등록 사무소에서 오랜 시간을 보내며 하염없이 기다려야만 했습니다. 거주 등록 없이는 혼인 신고를 할 수 없기 때문입니다.

거주 등록은 KGB의 감시 아래 진행되었는데, 그들의 눈에 띄거나 거슬리는 일은 피하고 좋은 인상을 심어주어야 했습니다. 그래서 사무소 직원에게 꽃과 초콜릿 등을 선물하는 등 갖은 노력을 기울였습니다. 그리고 마침내 거주 등록을 마치면서 '이제는 이리나와 결혼할 수 있겠구나'라는 희망이 생겼습니다.

이윽고 이리나가 관광 비자를 받아 일주일간 레닌그라드에 왔을 때 드디어 혼인 신고를 할 수 있겠다고 생각했습니다. 이리나와 나는 혼인 신고를 하기 위해 등록 사무소에 가서 준비해 온 서류를 확인하면서 혼인 신고 절차가 진행되는 것을 보고 있었습니다. '이제 몇 분 후면 아무도 우리를 갈라놓지 못할 부부가 되겠구나'라고 생각하면서 기대에 부풀어 올랐습니다.

그런데 바로 그 순간 갑자기 한 여성이 들어오더니 우리의 여권을 보자고 했습니다. 그 여성을 보자마자 직감적으로 KGB라는 걸 알 수 있었습니다. 이리나에게 독일어로 저 여성이 KGB인데, 아마도 혼인 신고가 어려울 것 같다고 얘기했습니다. 서류를 뒤적이면서 혼인 신고 절차를 진행하던 공무원은 KGB의 요구에 따라 아무 말 없이 여권을 건네주었습니다. 얼마 지나지 않아 이리나의 관광 비자와 나의 거주 등록까지 취소되었습니다. 게다가 레닌그라드에서 12시간 이내에 떠나라고 명령했습니다. 기차역에서 헤어지기 전까지 우리는 서로를 붙잡고 엉엉 울었습니다. 그러나 그 순간에도 우리는 하나님이 당신의 때에 우리를 맺어주시리라는 것을 신뢰했습니다.

집으로 돌아오면서 하나님께 한 가지 소원을 올려드렸습니다. 내가 집에 도착했을 때 집에 아무도 없기를 원했습니다. 하나님은 정말 세밀

나린의 마을은 나린강을 따라 위치해 있다. @ Wikipedia

한 분이셔서 그러한 기도에도 응답해 주셨습니다. 집에 도착했을 때 아무도 없었고 문은 굳게 잠겨 있었습니다. 열쇠를 찾아 문을 열고 방에 들어가자 책상 위에 놓여 있던 말씀 카드가 눈에 들어왔습니다.

"여호와께 능하지 못한 일이 있겠느냐"창세기 18장 14절

그 순간 깜짝 놀랄 수밖에 없었습니다. 혼인 신고가 계획대로 진행되지 않아서 무척 실망한 나에게 하나님이 찾아오셔서 강력한 말씀으로 다시 세워주셨습니다. 책상에 놓인 말씀 카드를 누가 올려 두었는지 알고 싶었지만 부모님도 모르는 일이라고 했습니다.

이후에도 이리나와의 결혼을 위해 셀 수 없이 내무부를 방문했습니다. 그날도 출국 비자를 받기 위해 줄을 서고 있었는데, 시간을 활용하기 위해 성경책을 펴들고 빌립보서를 읽고 있었습니다.

"아무 것도 염려하지 말고 다만 모든 일에 기도와 간구로, 너희 구할 것을 감사함으로 하나님께 아뢰라 그리하면 모든 지각에 뛰어난 하나님의 평강이 그리스도 예수 안에서 너희 마음과 생각을 지키시리라"빌립
보서 4장 6~7절

그때 하나님은 내가 마음을 가라앉히고 나의 필요를 그분에게 간구하기를 원하신다는 사실을 깨닫게 하셨습니다. 그 즉시 내무부 예약을 취소하고 집으로 돌아가야 한다고 느꼈습니다. 그러자 내 안에서 갈등이 일어났습니다. 이번 기회를 놓치면 언제 이리나와 결혼할 수 있을지 모든 것이 불확실해지는 상황이었습니다. 하나님은 한 번 더 말씀하셨습니다.

"이 건물에 발을 들인 게 몇 번째인지 아니? 나를 믿고 집으로 돌아

가거라."

마침내 결정을 내렸습니다. 예약을 취소하고 밖으로 나왔습니다. 마치 자신에게 사망 선고를 내린 것 같은 기분이었습니다. 집으로 돌아오는 길에 들판에 서서 눈물을 흘리며 고백했습니다.

"주님, 나를 당신의 은혜의 손에 맡겨 드립니다. 이제 내 삶은 완전히 당신의 것입니다."

내가 구약의 발람 선지자와 똑같은 상황에 처해 있음을 깨닫게 되었습니다. 발람의 당나귀가 멈춰 서서 더 이상 앞으로 나아가지 못했던 이유가 천사가 가로막았기 때문인 것처럼 하나님이 우리 앞에 서 계신 것을 알게 되었습니다. 그러므로 이런 상황에서 '당나귀를 채찍질하는 일'은 아무런 의미가 없다는 깨달음을 이리나에게 편지로 전했습니다.

창세기 18장 14절 말씀을 다시 읽으려고 할 때 성령님이 18장 전체를 보게 하셨습니다.

"기한이 이를 때에 내가 네게로 돌아오리니 사라에게 아들이 있으리라"

심장이 두근거렸습니다. 그 다음해에 내게 기적이 일어날 것을 확신했습니다!

그런 확신으로 새해를 맞이했지만 몇 개월이 지나도 아무 일도 일어나지 않았습니다. 시간이 흐르고 나는 몇 개월 전 하나님이 보여주셨던 말씀을 잊고 있었습니다. 당시 기념품 관련 일을 하고 있었기 때문에 매달 프룬제에 생산품을 납품하러 가야 했습니다. 어느 날 아침, 프룬제로 길을 나서려는데 성령님이 부드럽지만 강력한 목소리로 당장 내무부로 가라고 하셨습니다. 물론 그것이 하나님의 음성이라는 것을 알지만 순종하기 어려웠습니다. 꽤 오래전에 등록을 거부당했었고 그 후로는 어떤 서류도 제출한 적이 없기 때문입니다. 아무런 준비 없이 내무부로 가는 건 부질없는 짓이라는 걸 잘 알지만, 하나님이 말씀하셨기 때문에 순종하는 마음으로 내무부로 무거운 발길을 돌렸습니다. 내무부에서 무엇을 할 수 있을지 전혀 몰랐지만, 그저 내무부 건물로 들어가서 해당 부서로 전화를 걸고 나를 소개했습니다.

그런데 바로 그때 모스크바에서 이리나의 소련 시민권 회복을 허가했으며, 따라서 키르기스스탄으로 돌아와 나와 혼인 신고를 하는 데 있어 이제 아무런 제약이 없음을 알게 되었습니다! 할렐루야! 직원들은 내게 필요한 서류를 구비해서 본Bonn에 있는 소련대사관에 제출해야 한다는 사실을 이리나에게 일러주라고 말했습니다. 너무나 기쁘고 놀라서 그냥 서 있을 수 없었습니다. 건물 밖으로 뛰쳐나와서 하나님을 찬양하기 시작했습니다. 믿기지 않는, 꿈만 같은 소식은 얼마 지나지 않아 현실이 되었습니다. 이리나를 모스크바 기차역에서 만날 수 있게 된 것입니다.

선지자 학개의 외침

하나님의 맷돌은 느리지만 확실하게 돌고 있다.

– 전통 속담

독일에 있는 이리나의 가족들과 친척들에게는 결혼에 관한 이리나의 결정이 너무나 무모해 보였습니다. 키르기스스탄으로 들어가려는 시도가 마치 호랑이 굴로 들어가는 것처럼 위태하게 느껴진 것입니다. 그렇지만 이리나는 자발적으로 독일 시민권을 포기하고 철망으로 둘러쳐진 벽을 넘어왔습니다. 가족들의 표현을 빌리자면 철의 장막을 넘는 것입니다. 그렇지만 하나님은 친히 이리나와 나의 사랑을 지켜 주고 계셨습니다! 우리의 결혼식은 주변 친구들과 지인들이 볼 때 기적 그 자체였습니다.

그런데 이리나의 부모님과 친척들은 불행하게도 결혼식 참석을 위한 입국 허가를 받을 수 없었습니다. 결국 부모님들이 참석하지 않은 채 결혼식을 올려야 했습니다. 결혼 후 2년간은 크라스나야 레치카에서 살았으며, 이후 나린으로 이사했습니다. 이리나는 선교하러 가기 전에 독일 신학교에 가서 공부해야 한다고 생각했지만, 나는 하나님에게 다른 계획이 있음을 알고 있었습니다. 그렇지만 내가 아니라 하나님이 직접 이리나에게 그 계획을 보여주시도록 기도했습니다. 무슬림과 더불어 산골 마을에서 산다는 것은 결코 만만한 일이 아니기에 이리나 스스로 강한 확신이 없으면 그 생활을 버텨내기란 어려울 것입니다. 그래서 이리나가 강한 확신과 하나님의 인도하심을 따라갈 수 있는 용기를 얻는 것이 내게도 매우 중요한 일이었습니다. 우리는 함께 독일로 가기 위한 비자를 신청했는데 1년 뒤에 신청이 거부되었습니다. 하나님은 우리 부부를 향한 당신의 계획을 이리나에게도 확증하셨습니다.

사역을 시작하기 전에 나는 또 한 가지 조건을 하나님께 올려드렸습니다. 그리고 하나님은 이런 나의 마음을 기쁘게 받아 주셨습니다. 우리의 양가 부모님들은 하나님을 잘 믿는 분들이기에 부모님의 축복을 받으면서 선교지로 가고자 했습니다. 그런데 나의 부모님은 소련 정권의 박해를 경험했기 때문에 행여나 선교사로 활동하다가 감옥에 가지 않을까 두려워했습니다. "네가 감옥에 가면 이리나와 어린 자녀들은 어떻게 될지 생각해 보렴" 하고 떠나려는 나를 말리고 싶어 했습니다.

어머니는 내게 종종 "아직은 선교할 때가 아니야. 기다리렴" 하고 이야기했습니다. 심지어 크라스나야 레치카에 집을 사주려고 할 정도였습니다. 결혼 후 이리나와 나는 친구 집의 별채에서 살았는데 겨울에는 집이 추워서 고생했습니다. 이듬해 딸 마그달레나가 태어나자 부모님은 우리가 따뜻한 집을 사야 한다며 강권하기도 했습니다. 주거환경에 변화가 필요하다는 사실에는 우리도 동의했지만 집을 산다는 것에는 왠지 거부감

이 들었습니다. 집을 사려면 대출을 받아야 하고 크라스냐야 레치카에서 수년 동안 살아야 할 수밖에 없기 때문입니다. 다행히 보러 간 집마다 하자가 있었고 결국 집을 구입하지 않기로 결정했습니다.

하루는 직장에서 기도하며 이 문제를 어떻게 해야 할지 하나님께 여쭤보고 있었습니다. 점심시간에 학개서를 읽고 있었는데, 하나님이 말씀을 통해 내 마음속에 있던 근심과 의심을 모두 사라지게 하셨습니다.

"만군의 여호와가 이같이 말하여 이르노라 이 백성이 말하기를 여호와의 전을 건축할 시기가 이르지 아니하였다 하느니라 여호와의 말씀이 선지자 학개에게 임하여 이르시되 이 성전이 황폐하였거늘 너희가 이 때에 판벽한 집에 거주하는 것이 옳으냐 그러므로 이제 만군의 여호와가 이같이 말하노니 너희는 너희의 행위를 살필지니라 너희가 많이 뿌릴지라도 수확이 적으며 먹을지라도 배부르지 못하며 마실지라도 흡족하지 못하며 입어도 따뜻하지 못하며 일꾼이 삯을 받아도 그것을 구멍 뚫어진 전대에 넣음이 되느니라 만군의 여호와가 말하노니 너희는 자기의 행위를 살필지니라 너희는 산에 올라가서 나무를 가져다가 성전을 건축하라 그리하면 내가 그것으로 말미암아 기뻐하고 또 영광을 얻으리라 여호와가 말하였느니라" 학개 1장 2~8절

나는 하나님의 분명하고 선명한 응답에 감사드렸습니다.

그날 저녁 집으로 달려가서 점심 때 읽었던 학개서 말씀을 이리나에게 읽어 주었고 우리는 함께 큰 위로를 경험할 수 있었습니다. 그런데 며칠 후 우리 집을 방문한 어머니가 부모님 댁 근처에 작은 집 하나가 매물로 나왔다고 일러주었습니다. 그 순간 또다시 마음이 복잡해졌

습니다. '상식적으로 생각해야 할까? 학개서 말씀은 정말 하나님이 내게 주신 말씀일까? 아니면 그저 우연히 펼쳐서 읽게 된 말씀일까?' 그날 저녁 혼란스러운 마음을 안고 저녁 예배에 참석해서 옳은 선택을 내리게 도와달라고 기도했습니다. 그런데 그 순간 목사님은 "오늘 밤 하나님이 우리에게 주신 말씀은 학개서입니다"라고 말하는 것이 아닌가요? 내 심장은 놀라서 두근거리기 시작했습니다. 나는 하나님께 '하나님! 이제 정말 알겠습니다. 다시 읽을 필요가 없을 것 같아요'라고 기도했지만, 목사님은 며칠 전 하나님이 내게 주셨던 말씀과 동일한 구절을 읽었습니다. 그 자리에서 눈물을 흘리며 감사의 기도를 드렸습니다. 그날 이후로 나의 의심은 눈 녹듯 사라졌으며, 부모님도 하나님의 역사하심을 본 후 선교사로 나아가겠다는 우리의 계획에 더 이상 반대하지 않았습니다.

그렇지만 딸이 소련으로 들어가는 것도 반대하던 이리나의 부모님에게는 나린이라는 산골로 들어가서 살겠다는 계획은 상상을 뛰어넘는 것이었습니다. 이리나의 부모님은 만나서 우리의 계획에 대해 의논하고 싶다고 했습니다. 두 분이 오데사Odessa에서 관광 비자로 한 주 동안 머물 수 있게 되었을 때 우리 부부도 오데사로 갔습니다. 이리나의 부모님은 우리가 독일로 이민을 갈 수 있도록 초청장까지 준비해 왔습니다. 만약 이민 신청을 했는데 그것이 거부된다면 우리가 선교사로 나아가는 것에 대해 허락하고 우리를 축복해 주겠다고 약속했습니다.

두 분을 만나고 키르기스스탄으로 돌아오자마자 우리는 독일 이민을 신청했습니다. 그러면서도 한편으로는 나린으로 가기 위한 준비도 시작했습니다. 키르기스어를 배우기 위해 과외 선생님을 찾아 매주 수업을 듣기 시작했습니다. 교회 멤버들 가운데서도 키르기스어를 함께 공부하겠다며 찾아오는 사람들이 많았습니다. 교회 성도들 중 어떤 이들은 내가 키르기스어를 배우려는 것이 키르기스 여자와 결혼하려는 목적이라고 놀리기도 했습니다.

과외 선생님은 키르기스어를 정말 잘 배우고 싶다면 나린과 같은 산골 마을로 이사 가야 한다는 말을 가끔 했는데, 나린이라는 말을 할 때마다 내 심장이 덜컥 내려앉는 듯했습니다. 친구들은 우리와 함께 키르기스 민족의 구원을 위해 기도했지만, 우리가 나린으로 갈 계획이라는 사실은 전혀 몰랐습니다. KGB에 이런 정보가 들어가면 나린 땅으로 가려는 우리의 계획이 수포로 돌아갈 수도 있기 때문에 철저한 비밀 유지가 당시로는 매우 중요했습니다. 아쉽게도 키르기스어 수업은 오랫동안 하지 못했습니다. 과외 선생님의 출산 예정일이 다가오자 그녀의 남편이 더 이상 수업을 하지 못하게 했기 때문입니다.

그러는 사이 1년이라는 시간이 흘렀습니다. 나린으로 출발할 날짜를 정하는 한편, 대사관으로부터 이민 신청에 대한 답이 오기를 기다렸습니다. 놀랍게도 나린으로 출발하기 이틀 전에 대사관으로부터 이민 신청이 거절되었다는 연락을 받았습니다. 어쩌면 그렇게 절묘한 시간과 방법으로 우리를 인도하시는지, 하나님의 세밀한 인도하심에 놀랄 뿐이었습니다. 우리는 양가 부모님에게 축복을 받으며 나린으로 갈 수 있게 된 것입니다. 그래서 평안한 길로 인도하시는 하나님, 좋으신 아버지를 찬양했습니다.

가끔 나린 강변에 아내와 나란히 앉아 지난날을 추억하다가 하나님께 감사를 드리기도 합니다. 그 어느 것 하나 주의 손길이 미치지 않은 것이 없고 복된 신앙의 가족을 주신 것에 감사해서 다음의 곡을 작곡하기도 했습습니다.

밤이 되고 집 안은 다시 고요하네
하늘의 별들은 밤하늘을 비추고
밝은 달은 산 너머에 걸려 있네
더 이상 노래도, 울음도, 웃음도 없고
곤히 자며 뒤척이는 아기의 움직임만이
졸린 눈이 스르르 감기고

모든 것이 고요하니 아침까지 대답할 질문은 없겠지
장난감들도 가만히
우리는 앉아 과거를 추억하네
우리가 만날 것을 누가 알았을까?
우리의 자녀가 곤히 잘 것을 알았을까?
오랜 꿈은 현실이 되고
아내와 나란히 창가에 앉아
어김없이 내리는 눈송이를 바라보네

나린에서의 일상

오늘 주어진 은혜를 기억하며 내일 일을 염려하지 말라.

– 드한의 『매일의 양식』 중에서

출근할 때 가끔 나와 직장 동료들은 회사 담장을 넘곤 했습니다. 월담이 출근 시간을 많이 단축시켜 주기 때문입니다. 그런데 어느 날 동료 한 명이 다가와서 "왜 성경책에 쓰인 대로 행동하지 않느냐?"고 따져 물었습니다. 선한 목자는 항상 정문을 통과하고 도둑만이 담을 넘는다는 말씀요한복음 10장 1~2절을 보고 그렇게 질문한 것이었습니다. 나는 멋쩍게 웃으며 앞으로는 정문으로만 다니겠다고 약속했습니다.

첫 월급을 받은 날 동료들은 나를 둘러싸고 새 직장을 얻고 첫 월급을 받은 기념으로 보드카를 사라고 했습니다. 그 순간 그들의 요구를 들어주면 앞으로도 이와 유사한 일들이 계속 일어날 것이기에 술을 마시지 않는다는 사실을 정직하게 말하고 미안하다고 양해를 구했습니다. 동료들은 내가 술을 마시지 않는다는 사실에 실망하고 떠났습니다. 그날 밤 퇴근 후 물을 길러 갔다가 그곳에서 동료들을 만났습니다. 그들은 이미 거나하게 취해 있었는데, 나를 보자마자 곧 술을 사라고 다시 재촉했습니다. 이번에는 요구를 들어주지 않으면 야단이 날 것 같은 느낌이 들었습니다. 바로 그 순간 하나님이 지혜를 주셨습니다. 그들을 우리 집으로 초대하며 이렇게 말했습니다.

"우리 집에 가면 당신들이 한 번도 마셔보지 못한, 영원히 목마르지 않게 하는 귀한 음료가 있습니다. 그것을 대접할게요."

동료들은 우리 집에서 과연 어떤 술을 대접받을지 궁금해하고 기대하는 마음으로 나를 따라 집으로 왔습니다. 집에 도착하자마자 그들과 더불어 식탁에 둘러앉았고 이리나가 차를 내왔습니다. 차를 다 마시고 나자 그들은 술을 달라고 요구했습니다. 그런 동료들에게 성경책을 가져와 요한복음 4장 13~14절을 읽어주었습니다.

"예수께서 대답하여 이르시되 이 물을 마시는 자마다 다시 목마르려니와 내가 주는 물을 마시는 자는 영원히 목마르지 아니하리니 내가 주는 물은 그 속에서 영생하도록 솟아나는 샘물이 되리라"

그들에게 주겠다고 약속했던 음료가 술이 아니라는 사실을 깨달은 동료들은 불평하면서 떠나갔습니다. 그날 이후로 더 이상 술을 사달라고 요구하는 직원들은 없었습니다.

며칠 후 어떤 사람이 키르기스 사람들은 마치 인디언 같아서 화주 firewater; 위스키처럼 독한 술을 한 번 맛보면 절대로 끊을 수 없다고 하면서 자신들의 음주 문화에 대해 자랑했습니다. 또 다른 사람은 보드카를 마시면 따뜻한 기운을 느낄 수 있기 때문에 추위를 이기기 위한 방법이라고 했습니다.

나린 지역은 겨울이 되면 영하 30도 이하로 떨어지는 매우 추운 곳입니다. 어떤 집에서는 직접 전기난로를 만들어 사용하기도 했는데, 문제는 전기난로가 마을 전체의 전기 보급에 차질을 일으킨다는 것이었습니다. 전신주에 전선을 연결해 전기를 끌어온 후 고철 덩어리에 연결하고 그 고철 덩어리를 물탱크에 넣어 라디에이터에 연결하면 전기난로를 조잡하게나마 만들 수 있습니다. 몇몇 가구가 이런 식의 전기난로 덕분에 따뜻하게 지낼 동안 다른 집들은 전압이 크게 떨어져서 전구가 촛불 정도의 빛만 내는 정도였습니다. 그럴 때마다 나는 집 안을 조금이라도 더 밝혀 주기 위해 전신주에 올라가 집으로 들어오는 전선을 다른 전원 선로에 연결하곤 했습니다.

사람들은 겨울에 집을 지으면서 큰 물탱크를 데우기 위한 가열 장치를 만들기도 했습니다. 두 개의 삽 사이에 나무판자를 넣어 삽끼리 닿지 않게 한 후 전선을 두 개의 삽에 각각 연결한 조잡한 장치였습니다. 이 가열 장치를 물탱크에 던져 넣고 전원을 연결해서 추운 겨울에도 물이 얼지 않도록 한 것입니다. 그런데 아침이 되면 물탱크에서 김이 모락모락 났는데, 이런 물탱크에 접근하는 것은 감전의 우려가 있어 극히 위험한 일입니다. 어떤 이들은 기초공사를 하면서 콘크리트를 부을 때 철제 프레임에 전선을 연결해서 콘크리트 동결을 방지하기도 했습니다.

사람들은 난방을 위해 니켈 크롬을 긴 나선형 철사로 만들어 돌이나 벽돌 사이에 끼워 넣고 전원에 연결했습니다. 그들은 이 코일 히터를 '말horse'이라고 불렀는데, 난방과 요리 모두에 사용되었습니다. 이보다 가난한 사람들의 집에서는 전원 스위치나 콘센트 대신에 새까만 전선만 볼 수 있었는데, 전선에 직접 전기 오븐이나 전구를 고리처럼 걸어서 사용하곤 했습니다. 그러다 보니 종종 전선이 과부하 때문에 녹아내리기도 했습니다. 어느 날은 한겨울 아파트 주민들이 라디에이터의 온수를 다 빼서 쓰는 바람에 아파트 보일러가 폭발한 일도 있었습니다. 그럼에도 사망자가 한 명도 없다는 사실만으로 얼마나 감사했는지 모릅니다.

전기난로가 없는 사람들은 집 안에 화로를 만들고 말린 쇠똥이나 석탄으로 불을 피웠습니다. 연기는 창문을 통해 굴뚝을 만들거나 천장에 구멍을 뚫어 다락방으로 올려보냈는데, 지붕에 환기 시설을 설치하지 않아서 불을 땔 때면 집에 화재가 발생한 것처럼 보이기도 했습니다. 나린에서의 일상은 언제나 모험으로 가득했습니다. 이런 악조건 속에서도 나린 사람들은 삶을 살아냈을 뿐 아니라 오히려 이런 상황 덕분에 서로에게 더욱 친절하고 보다 끈끈한 공동체를 형성할 수 있었습니다.

가끔 집에 늦게 돌아올 때가 있었는데, 이리나는 내가 집에 들어오면서 가족들을 깨우지 않아도 되도록 문을 잠그지 않았습니다. 문을 잠그지 않은 것에 대해 대수롭지 않게 여기는 이리나의 모습이 꽤 놀라웠습니다. 우리는 매 순간마다 하나님의 보호 아래 살아가고 있음을 실감했으며, 매일매일 그의 보살핌을 경험할 수 있었습니다.

가진 돈이 다 떨어졌던 때가 있습니다. 이것저것 필요한 것이 많기도 했고 이웃들이 우리 부부로부터 돈을 빌려가기 때문이기도 했습니다. 한겨울에 마그달레나를 위해 우유와 빵을 사야 했는데 집에는 동전 한

푼 남아 있지 않았습니다. 나는 하나님께 우리 가족의 상황을 올려드리고 빈손으로 상점으로 갔습니다. 그런데 상점으로 가는 길에 눈밭에서 종이 지폐 한 장을 발견했습니다. 5루블짜리 지폐였습니다! 하나님의 예비하심에 감사하며 당당하게 상점으로 들어갈 수 있었습니다.

또 한 번은 이리나가 둘째를 가졌을 때 체리를 너무나 먹고 싶어 했습니다. 그때는 아직 5월이라 산간 지역인 나린에서 체리를 찾기란 사실상 불가능한 일이었습니다. 이리나는 얼마나 체리가 먹고 싶었는지 꿈에 체리가 나타나기도 했습니다. 어느 날 이른 아침 누군가가 우리 집 문을 두드렸습니다. 문을 열어 보니 추이에 사는 친구가 업무 때문에 나린에 왔다가 잠시 들른 것이었습니다. 그 친구는 집에 들어와서 식탁 위에 상자 하나를 올려놓았는데, 상자 안에는 체리가 가득했습니

첫눈 내린 9월의 어느 날, 으슥아타(Ysyk-Ata) 들판의 양떼. ⓒ 박군서

다. 우리 부부는 깜짝 놀랐습니다! 뭐라고 말을 해야 좋을지 모를 만큼 감격과 감사로 가득했던 그 시간에 하나님이 나지막한 목소리로 이렇게 말씀하셨습니다.

"그는 자기를 경외하는 자들의 소원을 이루시며…"시편 145편 19절

· 옆집 남자는 과음을 자주 해서 여러 번 병원에 실려 갔었고, 장기를 반 정도 잘라내야 할 만큼 죽을 뻔하기도 했습니다. 하루는 그의 아내가 우리 집에 찾아와서 남편의 몸 상태가 정말 심각한 정도라고 털어 놓았습니다. 그런데 집에 있던 작은 꿀단지를 본 그녀는 자신의 남편을 위해 꿀을 좀 가져가도 되겠냐고 물었습니다. 사실 그 꿀은 둘째를 임신한 이리나에게 먹이려고 어렵게 구한 것이었습니다. 그럼에도 이리나는 그녀에게 흔쾌히 꿀단지를 내주었습니다. 저녁 식사 때 꿀을 먹지 않는 아내를 보고서야 무슨 일이 있었는지 알게 된 나는 이리나가 꿀을 먹을 수 없게 된 것이 속상했습니다. 하지만 아내는 하나님의 말씀에 순종한 것뿐이라고 대답했습니다.

그런데 그다음 날 아침 추이에서 양봉을 하는 친구가 3리터짜리 꿀을 가지고 우리 집을 찾아왔습니다. 꿀과 함께 나타난 친구의 등장에 나는 놀라지 않을 수 없었습니다. 지난밤 옹졸했던 나의 모습이 굉장히 부끄러웠습니다.

나린에서의 첫 겨울을 보내던 중 가장 먼저 예수님을 영접한 이웃 으르스굴이 결핵에 걸려 죽고 말았습니다. 이제 키르기스 신자는 이웃 바

킷과 그의 아내 아킨밖에 없습니다. 나는 날씨가 포근해졌을 때 그들에게 세례를 주고 싶었지만 어디에서 세례를 줘야 할지 몰랐습니다. 따뜻한 봄 날씨에 산봉우리의 눈이 녹기 시작하면서 나린강의 유속은 굉장히 빨랐을 뿐 아니라 눈이 녹아 흘러내리는 물이었기 때문에 손도 담글 수 없을 만큼 차가웠습니다.

어느 휴일에 이웃들과 함께 양을 치기 위해 산으로 올라갔습니다. 우리는 마을이 내려다보이는 곳까지 높이 올라갔는데, 마을을 내려다보니 아이들이 강에서 수영을 하고 있었습니다. '저렇게 차가운 물에서 어떻게 수영을 할까?' 하고 자세히 보니 아이들은 강 옆에 자갈을 파낸 큰 웅덩이에서 물놀이를 하고 있었습니다. 그 웅덩이의 물은 잔잔하고 따뜻했습니다. 세례를 하기에 적당한 장소를 찾아낸 것입니다!

몇 주 후 탈라스Talas에서 독일인 형제 라인골드Rheingold와 에드워드Edward가 방문했는데, 키르기스 사람들은 그들을 알틴벡 바이케Altynbek baike라고 불렀습니다. 장년이 된 그들은 키르기스어와 그들의 문화에 대해 잘 이해하고 있었습니다. 나는 두 형제와 함께 바킷과 아킨에게 세례를 베풀었습니다. 이때가 1986년이었습니다.

얼마 지나지 않아 아킨의 동생 쿠르츠벡Kurtsbek도 신자가 되었습니다. 그는 꽤 멀리 떨어진 마을에서 왔는데, 시간이 조금 흐른 후 우리는 그의 가족들도 전부 만날 수 있었고 이후로도 가끔 그의 마을을 방문하게 되었습니다.

만약 하나님이 우리와 함께하지 않으셨다면

우리가 하나님의 일을 위해 고통받는 것이 하나님의 일이 우리 때문에 고통
받는 것보다 낫다.

– 드한의 『매일의 양식』 중에서

어느 날 저녁 볼가Volga; 러시아제 자동차 한 대가 우리 집 앞에 멈춰 섰고
직장 상사 쿠르만베크 씨가 차에서 내렸습니다. 쿠르만베크 씨는 성경
책과 내가 준 다른 책들을 들고 왔는데, 어딘가 불안해하는 모습이었습
니다. 이윽고 자신이 이 책들을 빌렸었다는 사실을 누구에게도 말하지
말라고 신신당부하고는 부리나케 떠났습니다. 언젠가 일어날 수 있으
리라 예상한 일이 일어난 것입니다. 드디어 KGB가 우리 부부를 감시하
기 시작했습니다.

그다음 날 쿠르만베크 씨와 나는 시당위원회에 소환되었습니다. 그
곳에는 수많은 의원들이 앉아 있었는데, 나의 신앙에 관해 질문을 시작
했습니다. 의원들의 질문에 성실히 대답하고 있었는데, 그 순간 한 KGB
요원이 내 말을 끊으면서 나린을 당장 떠나지 않으면 감옥에 넣어 버리

겠다고 협박했습니다. 쿠르만베크 씨는 나의 믿음이 직장에서 어떤 결실을 가져왔는지 봤기 때문에 시당위원회가 나를 쫓아내려는 상황을 납득하기 어려워했습니다.

이후로도 나는 여러 차례 시당위원회에 불려갔고, 심지어 지방 검사로부터 징역 3년을 구형하겠다는 협박을 받기도 했습니다. 그런데 이런 일들은 놀라운 일이 아니었습니다. 군 복무 시기와 그 이후에도 줄곧 국가안보부 장교들과 대면해 왔기 때문입니다.

크라스나야 레치카에 있을 때 여신도 두 명과 함께 주일학교를 만든 적이 있었습니다. 그런데 KGB가 이 소식을 듣고는 주일학교 예배 시간에 경찰들을 보냈습니다. 함께한 두 명의 여신도는 수사관으로부터 3년의 징역을 살게 될 것이라는 협박을 들었고, 이 소식에 놀란 여신도들의 어머니 두 명이 내게 소환장을 보여주면서 하소연하기도 했습니다. 나는 그 소환장을 들고 직접 수사관을 찾아갔습니다. 주일학교는 내가 만든 것이며, 여신도들은 아무런 책임이 없다고 얘기했습니다. 수사관은 징역을 들먹거리면서 나를 협박했고 나에 대한 공소를 제기했습니다. 그러나 하나님이 일하셔서 별 탈 없이 사건은 종결되었습니다.

이전에 권력자들 앞에 불려갔던 경험은 나린에서 큰 도움이 되는 귀중한 자산이었습니다. 나린의 지방 검사에게 조사를 받은 다음 날, 지역 방송에서는 요한복음서를 사진으로 보여주면서 이 책자는 키르기스어로 번역된 반 소비에트 팸플릿이며, 미국 스파이이자 침례교인Baptist 안드레이가 청년들에게 배포하고 있다는 뉴스가 방영되었습니다. 다음 날 아침 출근했을 때 직장 동료들이 내 주위로 모여들었습니다. 그들 중 어떤 사람은 "얼른 반 소비에트 팸플릿을 보여 달라"고 재촉했고 또 어떤 사람은 내 성이 '뱁티스트Baptist'라는 걸 처음 알았다고 말하기도 했습니다. 키르기스는 역시 영적 처녀지處女地였습니다.

나린을 향해 올 때는 누구로부터 먼저 박해를 받게 될지 몰랐습니다. 무슬림이나 공산주의자들로부터 박해를 받을 수도 있었으니 말입니다. 그러나 당시 소련의 권력은 여전히 막강했기 때문에 첫 번째 어려움은 권력자들로부터 시작되었습니다. 무슬림들로부터 박해를 받기 시작한 것은 소련연방의 해체 이후였습니다.

사역 초창기에 예수님을 영접한 키르기스 사람들 중 으르스Yrys라는 이웃 여자아이가 있었습니다. 그 아이는 학교에서 하나님에 대해 이야기하기 시작했는데, 얼마 지나지 않아 여러 선생님들이 으르스를 혼냈습니다. 으르스를 가장 괴롭혔던 사람은 교장선생님이었는데, 결국 학

크라스나야 레치카 지역. @ Wikipedia

년 말에 으르스는 다른 학교로 전학을 가야만 했습니다. 그러나 하나님은 이 교장을 통해 그의 위대하심을 보여주셨습니다. 어느 날 술에 잔뜩 취한 상태로 차를 몰던 그는 나린강에 빠지고 말았습니다. 며칠 후 그의 차와 시신이 나린으로부터 멀리 떨어진 곳에서 발견되었고, 이 사건은 선생님들 사이에 엄청난 두려움을 몰고 왔습니다. 이 사건을 통해 선생님들은 벌하시는 하나님을 보게 된 것입니다. 얼마 지나지 않아 으르스는 다시 이전 학교로 돌아올 수 있었고 더 이상 박해를 받지 않았습니다.

그 후 으르스의 가족 전체가 하나님께 마음을 열게 되었는데, 으르스의 가정과 우리 가족이 종종 교제를 나누었습니다. 으르스의 엄마 부룰 Burul 여사와 토리엘 Toriel 이라는 형제는 크라스나야 레치카의 교회를 방문했을 때 그곳에서 세례를 받게 되었습니다. 그들은 나린에서 세례를 받은 두 번째 그룹의 키르기스 사람들이었습니다.

하나님께서 주시는 사랑

사람들을 변화시키는 것은 사랑이다. 사랑하는 만큼 영향을 끼칠 수 있다.

– 페스탈로치│Johann Heinrich Pestalozzi

우리 이웃의 친구나 친척들은 상당수 산골 마을에 살고 있었는데, 가끔 그들을 만나러 가곤 했습니다. 이렇게 하면서 지인을 통해 새로운 관계가 형성되었습니다. 가끔은 친구들과 함께 크므즈 교제를 나누기 위해 높은 산중에 있는 목초지로 가기도 했습니다. 어떤 유르트Yurt, 이동용 천막에 들어가든지 사람들은 낯선 방문객을 극진히 맞아주고 하루를 묵을 만한 잠자리를 제공해 주었습니다. 낯선 이방인을 향한 키르기스인들의 친절함은 항상 놀라웠습니다.

하루는 친구와 함께 한 유르트에 방문했는데, 집주인이 크므즈를 내어왔습니다. 크므즈를 마시면서 편히 쉬고 나서 그 집을 떠나기 전에 친구가 크므즈의 맛을 칭찬했습니다. 그리곤 10리터 수통에 크므즈를 조금 가져갈 수 있겠느냐고 물었고 집주인은 흔쾌히 나누어 주었습니다. 집으로 돌아오는 길에 친구에게 "낯선 집에 들어가 크므즈를 대접

받은 것만도 감사한데, 떠나면서 크므즈를 더 달라고 말하는 것은 예의
에 어긋나는 것 아니냐"라고 물었습니다. 그러자 친구는 크므즈를 더
달라고 요청한 것은 자신이 더 먹고 싶어서가 아니라 집주인의 친절에
감사하는 의미를 표현하는 방법이라고 했습니다.

키르기스 문화로부터 그리스도인들이 배울 만한 것이 참 많습니다.
거칠고 투박해 보이지만 알면 알수록 정말 따뜻하고 친절한 키르기스
민족입니다. 이 민족을 향한 나의 사랑이 언제부터 시작되었는지 정확
히 알지는 못합니다. 어쩌면 16살의 어린 학생 때 외진 산골 마을로 반
친구들과 함께 인턴십을 갔을 때 시작되었는지도 모르겠습니다.

1971년의 어느 무더웠던 여름날, 프룬제에서 출발한 나와 반 친구들
은 잔니 탈랍Djany-Talap의 산골 마을로 갔습니다. 마을에서 멀리 떨어진
곳에서 관개용 수로를 파는 것이 우리가 해야 할 일이었습니다. 날씨가
너무나 더웠던 데다 마침 일하는 중 마실 물도 떨어졌습니다. 우리는
극심한 갈증을 해결하기 위해 한 시간 거리에 떨어져 있는 한 양치기의
유르트에 물을 구하러 갔습니다.

한 시간을 걸어서 갔는데 유르트 주변에는 낙타 몇 마리 외에 사람이
라고는 그림자도 찾을 수 없었습니다.

"누구 없어요?"

크게 소리를 질렀지만 아무런 응답이 없었습니다. 여기까지 왔는데
아무런 도움을 못 받는구나 하고 실망하며 돌아오려는데 허리가 구부
정한 할머니 한 명이 유르트에서 나왔습니다. 목이 무척 마르다는 나의

몸짓을 보고 할머니는 뭐라고 말하더니 유르트에 들어갔습니다. 얼마 후 다시 나온 할머니는 차가운 아이란 한 잔과 납작한 빵을 들고 나왔습니다. 그 순간 할머니에게 뽀뽀를 해 주고 싶을 정도로 정말 고마웠습니다.

그날의 일은 내 마음속 깊이 추억으로 남아 있습니다. 그때는 15년 후 내가 산골 마을로 가서 키르기스 사람들과 더불어 생활하면서 이렇게나 순박한 사람들에게 그들의 메시아인 예수님을 소개할 것이라고는 상상조차 못했습니다.

시간이 흘러 하나님은 키르기스 민족을 마음에 품게 하시고 그의 계획을 조금씩 내게 알려주기 시작하셨습니다. 하지만 처음에는 하나님의 계획을 이해할 수 없었습니다. 그들을 향한 하나님의 사랑이 아직 내 마음에 없었기 때문입니다. 그런데 하나님과 대화하면 할수록 당신의 계획을 계속해서 더 많이 알려주셨습니다. 마치 "안드레이야, 내 집에는 키르기스 사람들을 위해 예비된 자리가 있고 그들을 위하여 예식장이 준비되어 있단다. 그들 가운데 아직 믿음은 없지만 나는 키르기스 민족 가운데에서도 믿는 자들을 보기 원한다. 내 마음에는 키르기스 민족만을 위한 자리가 있다. 네가 나 대신 가서 저들을 불러와 주지 않을래?"라고 말씀하시는 듯했습니다. 나는 "그들을 위해 예비하신 자리가 있다는 게 사실인가요? 저들은 내가 하는 말을 믿지 않을 거예요"라고 대답했습니다. 그러자 하나님은 "내가 저들을 사랑하는 것처럼 네가 사랑하면 저들은 네 말을 믿을 것이다"라고 하셨습니다. 나는 "주님, 제게는 그만한 사랑이 없습니다. 만약 당신이 나를 그들에게 보내시려면 내게 당신의 사랑을 주세요"라고 기도했습니다. 그리고 하나님은 내 마음속에 그들을 향한 사랑을 부으시기 시작했습니다.

그들이 하나님에 대해서 무엇이든 배우기 위해서는 우리가 먼저 그들과 관계를 쌓아야 한다는 사실을 알았습니다. 편지를 받기 전에 먼저 우체부를 알아야 하는 것과 같습니다. 그들이 그리스도인이 되기 전에 우리가 먼저 키르기스인이 되어야 했습니다. 우리는 이것을 명심했고, 그래서 전도할 때도 조급한 마음으로 하지 않기로 했습니다.

그로부터 몇 년 후 우리가 독일에 머물 때 새롭게 알게 된 사실은, 탈라스 계곡에 거주하던 독일인들이 19세기 말 차르tsar; 제정 러시아 때 황제가 통치하던 시절부터 키르기스인들에게 복음을 전했다는 것입니다. 헤르만 얀센Herman Jansen, 마틴 틸만Martin Tillman과 다른 기독교인들이 키르기스 민족의 부흥을 위해 기도하며 그들에게 예수님을 전했던 것입니다. 그때 복음을 들었던 사람들 가운데 몇 명의 키르기스인들이 예수님을 믿게 되었지만, 혁명 이후 무신론의 물결이 드세게 몰아치면서 예수님의 이름이 키르기스인들에게서 잊히게 된 것입니다. 하지만 하나님은 키르기스인들을 절대 잊지 않으셨으며, 그의 계획은 하나님의 시간에 성취될 것입니다.

내 친구 로마

극단은 패망으로 가는 길이다. 모든 것을 안다고 말하는 사람들, 그러나 하나님을 모르는 그들에게 연민을 느낀다. 하나님에 '대해서' 모든 것을 아는 사람에게도 나는 연민을 느낀다.

– 히로몽크 로만 Hieromonk Roman

우리가 살던 아파트는 너무나 작아서 냉장고를 둘 곳이 없었습니다. 그래서 작은 베란다를 만드는 것으로 우리 집을 확장하기 위한 계획을 세웠습니다.

때마침 톡모츠 마을에서 나린으로 건축 기술자들이 왔습니다. 그들은 조별로 돌아가면서 근무했는데, 친구 파벨Pabel과 로마Roma가 그들과 함께 일하고 있었습니다. 나는 그들의 도움을 받아서 베란다를 만들기로 했습니다.

하루는 로마가 내게 도움을 주기 위해 홀로 방문했을 때 우리는 함께 차를 마시면서 대화를 나눴습니다. 로마는 예수님을 자신의 구원자로 영접하지 않았으며, 아직은 의심이 든다고 고백했습니다. 이후 그와 함께 산을 오르면서 대화했는데, 로마의 아버지는 목사님이었고 아내 또한 그리스도인이라고 했습니다. 또 자신도 회개하고 하나님께 돌아가기를 갈망하고 있다고 말했습니다. 그는 여러 번 홀로 회개 기도를 드리기도 했지만, 곧 이전의 생활방식으로 돌아가곤 했습니다. 하나님께 아무리 진실한 마음으로 회개해도 이전의 삶으로 자꾸만 돌아가는 자신을 보면서 결국 하나님으로부터 버림받았다는 결론을 내리게 되었으며, 이후로는 하나님을 찾는 일을 그만두게 되었다고 했습니다. 나는 로마가 왜 그런 결론을 내렸는지 궁금했습니다. 로마는 이에 대해 아내와 함께 수차례 교회에 나갔고, 회개하라는 성령님의 감동이 있는 자들은 단상 앞으로 나오라는 목사님의 말씀을 들었음에도 아무런 감동을 느끼지 못했기 때문에 하나님이 자신을 버리셨다는 생각이 들었다고 했습니다.

무척 안타까웠습니다. 로마에게 구원받기를 원하느냐고 묻자 그는 간절히 구원받기를 원한다고 했습니다. 나는 그가 성령님이 주시는 감동에 대해 오해했다는 사실을 알았고, 그를 도와주고 싶었습니다.

로마에게 자신이 죄인이라고 생각하느냐고 물었는데, 그는 자신이 죄인이라는 사실을 인정한다고 했습니다. 이어서 나는 다시 물었습니다.

"결국 하나님 앞에 서게 되는 날 하나님은 너에게 왜 자신의 죄를 회개하지 않았느냐고 물으실 거야. 모든 죄인은 회개해야 해. 회개가 구원으로 가는 첫 단계이고, 하나님은 회개하는 사람들을 구원하시지. 만일 네가 스스로를 죄인이라고 여긴다면 성령님의 감동을 느끼지 못했다는 너의 변명을 하나님이 받아들이실 거라고 생각하니?"

로마는 하나님이 그런 평계를 들어주실 것 같지 않다고 대답했고 내가 말을 이었습니다.

"내가 너라면 할 수 있는 모든 방법을 동원해서 구원받기를 원할 거야. 만약 네가 자신의 죄를 안다면, 그리고 그 죄를 놓고 예수님의 이름으로 회개했는데 그럼에도 불구하고 하나님이 너를 구원하지 않으신다면 적어도 지옥에서 후회할 일은 없을 거야. 반면에 네가 할 수 있는 모든 일을 하지 않는다면 그건 하나님 탓이 아니라 네 탓인 거지. 네가 할 수 있는 모든 것을 다 하도록 해."

로마는 내 말에 동의했고 우리의 대화도 그렇게 끝이 났습니다. 그날 저녁 함께 차를 마시고 있었는데, 로마가 갑자기 내 조언대로 하나님께 자신의 마음을 말하고 싶다고 했습니다. 우리는 함께 무릎 꿇고 앉아서 기도했습니다.

"오, 주님. 나는 죄인입니다. 나의 죄를 당신께 올려드립니다. 간절히 기도하오니 나를 용서하시고 영원한 죽음으로부터 나를 구원하여 주소서."

그 순간 로마의 마음속에 있던 무엇인가가 깨진 듯했습니다. 그는 큰 소리로 울기 시작했고, 울음소리가 얼마나 컸는지 더 이상 기도할 수 없을 정도였습니다. 그가 통곡하는 모습을 보면서 아버지가 손 내미는 것을 보고는 말을 잇지 못했던 탕자의 모습이 떠올랐습니다. 얼마 후 로마는 자리에서 일어났습니다. 나는 로마에게 물었습니다.

"네 마음속에 성령님의 감동이 있었는지 모르겠지만 이렇게 물어볼게. 너 구원 받았니?"

로마는 다시 울기 시작하면서 내게 안겨서는 이제는 예수님이 자신을 영원히 구원하셨다는 확신이 있다고 고백했습니다. 이 일을 통해 우리는 지치지 않는 하나님의 구원하심을 보게 되었으며, 하나님의 놀라우신 사랑에 찬양과 감사를 드렸습니다.

피 묻은 십자가에서 사랑을 봅니다
이 세상을 너무나 사랑하셔서
우리를 구원하기 위해
독생자를 보내신 하나님

카라콜(Karakol)의 알틴아라샨(Altyn Arashan; 해발 2,700미터)에서 본 밤하늘. ⓒ 박군서

죄인이 구원받는다는 사실을
들어본 적 있나요?
세상 모든 것을 가졌지만 당신은 가난한 자입니다
세상은 생명의 빵 대신 당신에게 굴욕을 주었지만
당신을 위해 눈물 흘리신 한 분이 계시니
그분이 '내게로 오라'고 말씀하십니다

의로운 바리새인에게 찾아오지 않으시고
눈먼 바디매오와 죄인들을 찾아오시네
사랑으로 상처를 치유하시고
죄로부터 자유케 하셨네
십자가를 지고 심판 받으신 그분은
당신과 나 그리고 죄인들을 위해 죽으셨네
눈물 흘리며 당신께 돌아올 것을 기대하시네

나린굴이 태어나다

인간을 향한 사랑은 아이들 없이는 불가능하다.

– 도스토예프스키 | Fyodor Mikhailovich Dostoevskii

　나린에서 맞는 두 번째 겨울에 둘째의 출산일이 다가오고 있었습니다. 우리는 도시 외곽에 사는 데다 자동차나 전화기도 없었기 때문에 급한 일이 있을 때 이리나가 직장에 있는 내게 연락할 수 있는 방법이 없었습니다. 게다가 나린의 병원 시설은 정말 열악했습니다. 그럼에도 우리는 모든 필요를 아시는 하나님을 신뢰했습니다. 감사하게도 이리나의 진통이 밤에 시작되게 하셨습니다. 할렐루야! 내가 이리나와 함께 있는 시간에 둘째 아이가 태어날 준비를 시작한 것입니다.

　쏜살같이 이웃집으로 달려갔습니다. 그에게 낡은 소련제 자동차가 있었는데, 체면이고 뭐고 생각할 겨를 없이 흔들어 깨운 후 우리를 병원으로 태워달라고 부탁했습니다. 이웃은 추위 때문에 자동차 시동이 걸릴지 모르겠다고 했습니다. 그가 시동을 거는 동안 하나님께 기도할 수밖에 없었고 마침내 자동차가 움직일 수 있도록 도와주셔서 무사히 병원으로 갈 수 있었습니다. 첫째 딸 마그달레나는 다른 이웃에게 맡겨 놓았습니다. 병원으로 가는 길에 차를 몰아 우리를 데려다주던 이웃은 자신이 둘째 아이의 이름을 지을 권리가 있다고 말했습니다. 늦은 밤 우리를 병원으로 데려다주는 큰 역할을 했다며 어깨를 으쓱였습니다.

산부인과 분만실은 산모 외 가족들은 들어갈 수 없었기 때문에 병실 밖에서 초조하게 출산을 기다리고 있었습니다. 마침내 산파가 나와서 내게 "수윤추!Suyunchu; 좋은 소식입니다"라고 외쳤습니다. 산파의 말은 '사내아이가 건강하게 태어났다'는 뜻이 됩니다. 키르기스 문화에서는 아들이 태어난 것을 알리는 첫 번째 사람에게 돈이나 선물을 주는 풍습이 있습니다. 딸이 태어나면 선물을 받을 수 없기 때문에 산파들은 늘 아들이 태어났다고 말한다는 걸 알고 있었습니다. 그래서 아이의 소식을 아내에게서 직접 듣고 싶다고 했습니다. 점심 때쯤 이리나가 창문으로 다가와서 내게 "예쁜 딸이 태어났어요"라고 말했습니다. 너무나 행복했습니다.

1987년 1월 4일, 둘째 딸 베로니카Veronika가 태어났습니다. 딸의 이름은 믿음이라는 뜻을 가진 '베라Vera'에서 따온 것이었습니다. 이와 달리 이웃들은 딸을 나린굴NarynGul이라고 불렀는데, '나린의 꽃'이라는 뜻입니다. 병원 규칙에 따라 이리나는 열흘간 입원해야 했습니다. 다만 병원에서 먹는 음식이 형편없었기 때문에 환자 가족들은 매일 음식을 공수해야 했습니다.

아내가 병원에 있는 동안에는 매일 마그달레나를 이웃에게 맡기고 출근했습니다. 퇴근 후에는 서둘러 딸을 데리고 와서 저녁을 먹이고 나서 병원에 있는 아내와 둘째 딸을 보러 갔습니다. 해발 고도가 높은 나린은 해가 빨리 지기 때문에 늘 어둑어둑한 시간에 딸과 함께 버스를 타고 병원으로 가야만 했습니다. 저녁이면 버스는 늘 만원이었고, 술 취한 사람들도 종종 눈에 띄었습니다. 키르기스어를 유창하게 했던 마그달레나는 버스에서 우리를 밀치는 사람들에게 귀엽게 호통을 치곤 했습니다. 열흘이 지나 아내가 퇴원해 집으로 돌아왔을 때 그제야 나는 안도할 수 있었습니다.

이제 네 식구로 늘어나서 좁은 아파트에서 어떻게 살아야 할지 고민할 때가 되었습니다. 좀 더 큰 아파트로 이사 가기 위해 신청 대기자 명

나린 지역. @ Wikipedia

단에 이름을 올려놨는데, 2년이 지나도록 소식이 없었습니다. 그런데 명단을 확인해 보니 내 이름이 점점 뒤로 밀리고 있다는 사실을 알게 되었습니다. 게다가 원룸 형태의 스튜디오 아파트로 들어가려면 1,000루블, 침실 하나가 딸린 아파트는 2,000루블의 뇌물이 필요하고, 방 두 개짜리 아파트는 훨씬 많은 뇌물이 필요하다는 사실을 알게 되었습니다. 뇌물을 주고 이사하는 게 상식처럼 받아들여졌지만 나는 뇌물을 주고 이사하는 것은 우리를 위한 하나님의 계획이 아니라고 판단했습니다. 물론 한 달에 150루블인 내 월급으로는 그만한 뇌물을 마련할 수도 없었습니다. 우리는 뇌물을 주지 않을 것이고, 오직 하나님만 의지할 것이라고 주님 앞에 고백했습니다.

베로니카가 태어났기 때문에 생활비도 이전보다 더 많이 필요했습니다. 어떻게든 돈을 벌어야 했기에 기존의 일 외에 유치원 전기 관리까지 하면서 소위 투잡을 하게 되었습니다. 퇴근 후 집에 와서 식사하고 나서 두 번째 직장으로 나서야 했습니다.

유치원은 우리 집과 반대 방향이라 버스를 타고 출근해야 했습니다. 그런데 버스 배차 시간이 일정치 않아서 때로는 손발이 꽁꽁 얼 정도로 추위에 떨면서 정류소에서 기다려야 했습니다. 또 버스를 탄 후에도 종종 술 취한 사람들끼리 싸움이 났기 때문에 유치원으로 가는 길은 늘 긴장의 연속이었습니다.

어느 겨울밤 퇴근길, 버스 뒷자리에 앉아 생각에 잠겨 있었습니다. 그때 술 취한 러시아인 한 명이 버스에 탔습니다. 나린에서는 러시아인이 많지 않기 때문에 서로를 알아보기란 어렵지 않았습니다. 동족을 발견한 그가 소리쳤습니다.

"동지여! 왜 그렇게 슬퍼하고 있나?"

나는 뭐라고 대답해야 할지 몰랐습니다. 그의 눈에는 내가 슬퍼 보여서 격려해주고 싶었던 모양입니다. 그 순간 나는 하나님이 그를 통해 말씀하시고 계심을 느꼈습니다. 낡은 옷을 입은 낯선 술꾼이 나를 보면서 미소 띤 얼굴로 격려하고 있었던 것입니다. 이날 있었던 일은 정말 잊을 수 없는 신기한 경험이었습니다. 그날 순간순간마다 나를 주목하고 격려하시는 하나님께 감사드리며 집으로 돌아왔습니다.

나린에서의 두 번째 겨울이 그렇게 지나가고 있었습니다. 페레스트로이카가 외딴 산악 마을에 많은 영향을 끼치지는 못했지만 그럼에도 불구하고 키르기스스탄에서 조용히 진행되고 있었습니다. 그로 인해 기독교인들은 약간의 자유를 누릴 수 있게 되었고, 독일인들은 독일로 돌아갈 수 있게 되었다는 소식을 들었습니다.

새로운 장소에서 새로운 친구들을 만나다

집을 살 때는 건물이 좋은 집이 아니라 좋은 이웃이 있는 집을 고르라.

– 전통 속담

어느 날 막냇동생 이반Iban이 방문해서 가족과 함께 독일로 이사하게 되었다고 알려주었습니다. 그가 가져온 소식은 그뿐만이 아닙니다. 고향 집을 팔게 되면서 그 돈으로 우리가 집을 살 수 있도록 도와주겠다고 했습니다. 그 말을 듣자마자 우리에게 늘 때를 따라 도우시는 하나님께 감사드렸으며, 동생에게도 고마움을 표현했습니다. 우리는 매우 행복했습니다.

처음 나린을 방문했을 때 기도했던 마을 중심부의 공원 벤치 근처의 집으로 알아보았습니다. 우리는 하나님이 그곳으로 인도하셨다는 확신을 갖게 되었고, 이후로 그 집은 다양한 모임과 많은 사람들의 삶에 변화를 가져오는 장소가 되었습니다.

입주하기 전에 수리해야 할 부분들이 많이 보였는데 추이에 사는 친구들과 친척들이 우리의 상황을 듣고 종종 와서 도움을 주곤 했습니다.

부모님과 여동생, 매제와 어릴 적 친구들 모두 집을 건축하고 수리하는 데 경험이 많았기 때문에 그들의 도움은 큰 힘이 되었습니다. 마치 먼지가 황금으로 변하는 것처럼 낡은 집이 완전히 새롭게 단장되는 모습을 보면서 이웃들은 놀라운 눈으로 지켜보았습니다.

하루는 독일 마을 롯프론트Rot-Front에 사는 친구들이 방문했습니다. 마침 벽난로를 만드는 기술자들이라 우리 집에 벽난로를 만들어 주기로 했습니다. 산골 마을 나린에서 이런 벽난로는 매우 귀할 뿐 아니라 돈으로 매길 수 없는 가치입니다. 난로 제작에 필요한 물품들을 구입하기 위해서 내가 시장에 간 동안 열정 넘치는 친구들은 집 안의 낡고 얇은 가벽을 모두 부순 후 새로운 벽을 만들었습니다. 그리고 집 중앙에 거대한 원형 난로를 만들어 네 개 방의 난방을 한 번에 해결해 버렸습

키르기스 전통 춤을 추는 여인. ⓒ 박군서

니다. 게다나 그 난로는 빵을 구워 먹을 수도 있었습니다. 우리 부부는 매우 감격하면서 친구들에게 감사 인사를 했습니다. 이후로 우리 집을 방문한 이웃들은 집 전체를 따뜻하게 만든 놀라운 난로를 볼 때마다 난로와 난로를 만든 독일인들을 입이 마르도록 칭찬하곤 했습니다.

새로 이사한 집은 중앙병원 바로 앞이었고, 집 밖에는 늘 사람들로 붐볐습니다. 독일인 전기 기사가 새로 이사 왔다는 소식이 이웃들 사이에 빠르게 퍼져 나갔습니다.

몇 개월 후 공사가 끝났고 우리는 새집으로 이사했습니다. 가장 먼저 한 일은 집들이였습니다. 키르기스 사람들의 말을 빌리자면 잔치toi를 한 것입니다. 이웃을 초대하여 양을 잡았는데, 현지 가정의 초대를 받은 경험이 많았기 때문에 키르기스 잔치 문화에 맞춰서 잘 대접할 수 있었습니다. 식사의 마지막 코스이자 메인 요리인 베쉬바르막을 먹기 전에 집주인으로서 손님들에게 고기를 알맞게 나누어줘야 했습니다. 베쉬바르막을 대접하는 일은 굉장히 복잡했는데, 연장자부터 차례차례 순서대로 대접하는 것이 이곳 문화였기 때문입니다. 나는 방문할 손님들에 대해 잘 아는 친구를 초대해서 그로부터 도움을 받았습니다. 내 친구는 양고기를 각 부위별로 가지런하게 나눈 후 가장 귀한 부위인 골반 부위 살부터 연장자에게 대접할 수 있도록 도왔습니다.

모든 손님에게 베쉬바르막을 대접하자 키르기스 손님들은 이방인인 내가 자신들의 문화를 알고 그것을 따르는 것에 대해 놀랍게 여겼습니다. 이후로 이웃들은 우리 가족을 그들의 투쿰tukum; 혈통, 가족으로 받아들였습니다. 비록 이웃들과 함께 술잔을 기울이지는 않았지만 진실된 우정은 무럭무럭 자라났고, 우리는 이웃의 잔치에도 빠짐없이 초대받는 친구가 되었습니다. 여름이 되면 가끔 온 마을 사람들과 함께 들판으로 나가서 양을 잡아 베쉬바르막을 먹고 크므즈를 나눠 마시기도 했습니다.

새집에서도 우리는 이웃들을 빨리 사귈 수 있었습니다. 노년의 부부인 아이샤칸Ayshakan 아파apa; 어머니나 이모 같은 나이 많은 여성을 부르는 존칭와 오스몬쿨Osmonkul 아타ata; 아버지나 삼촌처럼 나이 많은 남성을 부르는 말는 우리와 가장 가까운 이웃이었습니다. 여러 면에서 두 사람은 우리에게 부모님 같았고, 그 가족들도 마치 내 가족처럼 느껴졌습니다.

아이샤칸 아파는 우리 집에 올 때마다 간식과 전통 음료 등을 가져왔습니다. 아이샤칸의 딸인 나즈굴Nazgul과 장카Janka도 자주 놀러 와서 함께 시간을 보냈는데, 그래서 더더욱 가족 같은 사이가 되었습니다. 나즈굴과 장카는 집안일을 하기 싫을 때마다 어머니의 눈을 피해 우리 집으로 도망오곤 했습니다. 그 둘은 특히 우리 아이들을 잘 돌봐주었는데, 그래서 우리 집에는 늘 그들로 인해 웃음이 끊이질 않았습니다.

나즈굴과 장카가 우리 집으로 숨어들면 얼마 지나지 않아 엄마 아이샤칸의 고함 소리가 옆집 마당에서 들려왔습니다. 곧 아이샤칸은 우리 집에 와서 함께 앉아 차를 마시다 보면 어느새 자신이 딸들을 찾으러 왔다는 것마저 잊곤 했습니다. 그러면 집에 혼자 남아 심심했던 남편 오스몬쿨이 우리 집 문을 두드리며 들어왔습니다. 결국 온 가족이 총출동하게 되고 우리는 대가족이 되어 함께 차를 마시면서 웃음꽃을 피웠습니다.

새집으로 이사 온 후에도 우리의 '모험'은 계속되었습니다. 판토마스 Phantomas라는 별명을 가진 이웃 아사칸Asakhan은 말술을 마시는 사람이었습니다. 거의 매일 술을 마신 채 버스를 몰았으며, 겉보기에는 차갑고 냉정해 보이는 사람이었습니다. 그가 술에 취한 채 우리 집에 올 때면 딸들은 무서워서 숨을 정도였습니다. 아사칸에게는 고장 난 총이 있었는데, 하루는 그 총을 들고 우리 집에 찾아왔습니다. 우리 집으로 걸어오면서 큰 소리로 나를 불렀는데, 병원 앞에 모여 있던 사람들이 모두 공포에 휩싸였습니다. 총을 든 채 우리 집 마당을 넘어오니까 술 취한 남자가 독일인을 죽이려 한다고 생각했기 때문입니다.

아사칸은 우리 집 문을 열고 들어와서 총을 식탁 위에 내려놓으면서 "자네, 전기 기술자라지? 이 총 고장 났어. 고쳐 줘!"라고 했습니다. 총을 유심히 살펴보니 방아쇠가 휘어져 있었습니다. 공구를 꺼내어 휘어진 방아쇠를 고쳐주었습니다. 그는 고장 난 총이 고쳐지자 굉장히 기분이 좋았는지 총을 장전한 후 마당으로 나가서 허공을 향해서 몇 차례 쏘았습니다. 그 소리를 듣는 순간 밖에 있던 사람들이 모두 우리 집으로 달려왔습니다. 판토마스가 나를 죽였다고 생각했기 때문입니다. 판토마스와 내가 함께 거리로 걸어 나오는 모습을 보자 그제야 사람들은 안도의 한숨을 쉬었고, 우리는 그들을 보며 멋쩍게 웃었습니다.

첫 예배

너는 사망으로 끌려가는 자를 건져 주며 살육을 당하게 된 자를 구원하지 아니하려고 하지 말라

– 잠언 24장 11절

집 근처에는 아이들 있는 가정이 매우 많았기 때문에 집 마당은 언제나 아이들 노는 소리로 시끌벅적했습니다. 우리 딸들이 키르기스어를 나와 아내보다 훨씬 잘했기 때문에 우리도 마을 아이들과 빠르게 친해질 수 있었고, 아이들을 통해 그 부모와도 알게 되었습니다.

새집으로 이사 온 후 우리는 먼저 수도 시설을 만들었습니다. 이전까지 이웃들은 모두 도로 건너편에 있는 물 펌프에서 물을 길어서 사용했습니다. 그럴 수밖에 없었던 이유는 병원으로 향하는 구급차의 출입을 방해할 수 있다는 이유로 수도관 공사가 허가되지 않았기 때문입니다. 나는 독일인 친구들이 알려준 대로 이웃들에게 수도 시설을 설치하자고 제안했습니다.

나와 친구들은 먼저 깊은 구덩이를 집에서부터 도로로 파고 큰 망치를 사용해서 도로 밑으로 수도관을 연결했습니다. 이웃들은 13미터 너

비의 도로 밑으로 관을 연결할 수 있다는 말을 믿지 못했지만, 나는 하나님의 도우심을 구하기 위해 기도하자고 권유하며 함께 기도했습니다. 마침내 수도관 공사가 무사히 끝나고 수도관이 도로 건너편에 있는 우물에 연결되자 주민들은 모두 나와서 환호성을 질렀습니다. 이제는 모두가 집에서 편히 물을 사용할 수 있게 되었습니다. 우리는 함께 하나님께 감사드렸습니다.

우리 집 마당에는 작은 방 두 개가 있는 별채가 있었습니다. 하루는 한 사람이 문을 두드리더니 자신과 아내 그리고 세 명의 어린 자녀들이 별채에서 살게 해달라고 요청했습니다. 그들은 살 집이 없었습니다. 아내와 나는 그들을 받아들였고, 별채에서 살게 되었습니다. 아이들끼리는 빠르게 친해졌습니다. 그 집 아버지의 이름은 탈라이Talai였는데, 당시 직장이 없던 그에게 일자리를 구해주고 싶어서 내가 일하던 곳에 운전사로 추천했습니다. 그런데 대부분 남자들이 그렇듯 탈라이는 술을 무척 좋아했습니다. 나와 술을 끊겠다고 약속했지만 얼마 못 가서 다시 마시곤 했습니다. 그런 가운데 탈라이의 아내와 이리나가 급속도로 친해졌고, 그녀는 곧 주님을 영접하게 되었습니다.

탈라이는 개인적으로 아내의 신앙을 반대하지는 않았고, 그 또한 복음을 듣기는 했습니다. 다만 그저 예의상 듣는 정도였습니다. 그는 내가 자신을 위해 직장을 구해준 것에 대해 정말 고마워했지만, 밤에는 트럭으로 소를 훔치러 가기도 했습니다. 한 번은 우리 가족이 외출한 틈을 타서 집에 들어와 물건을 훔쳐 가기도 했습니다. 그는 곧 경찰에 붙잡혔고 조사를 받기 위해 유치장에 갔습니다.

퇴근 후 탈라이의 소식을 듣게 된 나는 판사에게 찾아가서 풀어달라고 요청하면서 그의 신원을 보장하겠다고 말했습니다. 내가 책임지고 그를 교화시키겠다고 약속하자 판사는 탈라이를 풀어주었는데, 대신에 그동안 훔친 모든 것을 변상하라고 명령했습니다. 산골 마을이라 재판이 이런 식으로 마무리될 수 있었습니다.

이후 탈라이는 감사한 마음을 표현하기 위해서 우리가 하나님에 대해 전하는 말을 자신이 들어주면 우리가 기뻐하지 않을까 생각해서 우리 집을 자주 찾아왔습니다. 나는 탈라이와 많은 대화를 나누고 함께 하나님께 기도했지만, 여전히 그의 마음이 딱딱한 것을 느꼈습니다. 며칠 후 그는 마당에서 놀고 있는 아이들에게 아이스크림을 나누어 줬는데, 그 아이스크림은 훔친 것임을 곧 알게 되었습니다.

어느덧 예수님을 영접한 이웃들에게 세례를 주는 날이 되었습니다. 탈라이는 그의 아내와 함께 세례를 받고 싶어 했습니다. 그의 아내는 하나님 앞에 맹세함으로 탈라이가 술을 끊고 도둑질을 그만두기 원했습니다. 이웃에 사는 한 할머니는 탈라이의 세례 소식을 듣고선 탈라이만 세례를 받을 게 아니라 그의 트럭도 세례를 받아야 한다고 했습니다. 밤마다 트럭을 이용해 도둑질을 계속하는 것에 대해 지적한 것입니다. 결국 탈라이의 소원과는 달리, 그날 세례를 받을 수 없었습니다. 그리고 탈라이를 위한 우리의 도전은 계속되었습니다.

하루는 길 건너 병원의 한 여자 의사가 우리를 찾아와 하나님에 대해 알고 싶다고 했습니다. 그녀는 자신과 자녀들이 남편으로부터 버림받았는데 남편이 돌아오기를 희망하면서 굿을 하고 많은 주술사도 찾아갔지만 남편은 결국 돌아오지 않았다고 했습니다. 그러던 중 아이샤칸을 병원에서 만났고, 아이샤칸은 이 모든 사정을 우리에게 얘기해 보라고 했던 것입니다. 아이샤칸은 우리 집에 이사Isa; 예수님(키르기스어)를 믿는 사람이 몇 명 있으며, 그들의 하나님이 도와줄 수 있을 거라고 이야기했습니다. 우리는 여자 의사에게 하나님은 충분히 도우실 수 있는 분이라고 말했고, 그 후로도 그녀는 종종 하나님에 대해 더 알기 위해 우리 집에 오곤 했습니다. 우리는 그녀에게 하나님을 전하는 한편, 다른 도시에 살고 있는 그녀의 남편을 찾기 시작했습니다.

그러던 중 하나님이 그녀의 마음을 열어주셨고, 우리 집에서 이리나와 함께 기도한 후 예수님을 영접했습니다. 그녀는 사도행전의 리디아처럼 하나님이 진리에 마음을 열게 하신 첫 번째 키르기스 여성이었습니다. 또 그녀의 이름이 실제로 리디아Lidia였습니다. 그때까지도 리디아는 남편을 잃는 역경을 통해 하나님 자신을 찾게 하셨다는 것을 이해하지 못했습니다.

리디아는 자신의 딸인 나즈굴Nazgul과 누르굴Nurgul 그리고 바쿨Bakul을 소개해 주었습니다. 이 중 두 명은 고등학생이었습니다. 아이들은 우리 집에 올 때마다 학교 친구들을 데려오기 시작했고, 그것을 계기로 우리는 정기적으로 청소년들과 만날 수 있었습니다. 우리는 그들이 진실된 마음으로 예수님을 받아들이는 것을 보면서 굉장히 놀라워했습니다. 우리도 그 청소년들을 방문하고 함께 차를 마시면서 복음의 말씀에 대해 더 많이 나눌 수 있었습니다. 그 청소년들은 또 자신의 친구들을 데려왔기 때문에 우리 집은 얼마 지나지 않아 발 디딜 틈이 없게 되었습니다. 우리의 교제는 격식이 없고 소박했습니다. 정해진 순서나 설교와 찬양이 없는 모임이었지만, 함께 많은 시간을 보내면서 의미 있는 시간을 가질 수 있었습니다.

얼마 후 마을에 새로운 모스크가 지어지기 시작했는데, 마을 노인들은 새로 지어지는 사원에 얼마나 많은 사람이 오게 될지 서로 이야기하곤 했습니다. 유머 감각이 뛰어난 친구 토리엘은 몰도moldoh, 이슬람 성직자가 침례교인 안드레이처럼 행동한다면 사람들이 모스크에 많이 가게 될 것이라고 했습니다. 노인들은 그것이 무슨 의미인지 되물었습니다. 안드레이는 함께 기도한 후 꼭 케스메kesme, 키르기스 전통 국수 요리를 주는데, 몰도들도 기도한 후 먹거리를 나눠준다면 사람들이 모스크로 몰려들 것이라는 말이었습니다.

우리를 찾아오는 사람들이 모두 복음에 관심 있어서 오는 것이 아니며, 다른 마음을 품고 오는 사람들이 있을 수 있다는 사실도 물론 알고 있었습니다. 다만 그 문제는 하나님께 맡겨드렸습니다.

어느 날 저녁 청소년들과 함께 집에 모였을 때 한 소녀가 겁에 질린 얼굴로 집 안으로 뛰어 들어왔습니다. 그리고는 몽둥이를 든 남자아이들이 마당에 있다고 했습니다. 남자아이들은 우리 집에서 나오는 사람들을 공격하기 위해 기다리고 있었던 것입니다. 자기 민족의 신앙을 저버리고 '러시아 신앙'으로 돌아선 변절자들을 다시 이슬람으로 개종시키는 것이 자신들의 사명이라고 생각했습니다. 우리는 다급하게 하나님의 도우심을 구했습니다. 그날 저녁 청소년들과 함께 먹기 위해 말고기 베쉬바르막을 요리하던 중이었는데, 그 음식을 보는 순간 하나님이 지혜를 주셨습니다. 손님에게 음식을 대접하는 키르기스의 좋은 전통을 활용하라고 주님이 말씀하시는 것 같았습니다.

밖으로 나가니 남자들은 둥그렇게 모여서 무서운 얼굴로 나를 노려보았습니다. 나는 그들의 표정에도 아랑곳하지 않고 다가가서 환영한다고 말했습니다. 그리고 키르기스인이냐고 물었습니다. 그들은 나의 질문에 짐짓 놀란 얼굴로 쳐다보더니 그렇다고 대답했습니다. 나는 그들에게 "여러분들이 우리 집을 찾아왔으니 여러분은 내 손님입니다. 이제 저녁을 먹으려던 참인데 들어와서 함께 베쉬바르막을 먹읍시다"고 말했습니다. 그들은 자신들의 전통을 따라야 했기에 어쩔 수 없이 몽둥이를 밖에 버려두고 집 안으로 들어왔습니다. 우리는 함께 식탁 주위에 둘러앉았습니다.

남자들은 집 안을 유심히 살펴보았는데, 마치 우상을 찾아내려는 것처럼 보였습니다. 왜냐하면 기독교인들이나 러시아 정교회 신자들은 성화 앞에서 기도한다고 생각했기 때문입니다. 고기를 제공하기 전에 나는 먼저 손 씻을 물을 내어왔습니다. 베쉬바르막은 손으로 먹는 음식이었고, 식사하기 전에 손을 씻는 것은 키르기스의 고유 문화였습니다. 젊은 남자들은 놀라워했습니다. 그들이 우리 집에서 찾고자 했던 것은 러시아인이 되어버린 키르기스인이었는데, 우리 집에는 반대로 키르기스인이 된 러시아 사람만 있었기 때문입니다. 남자아이들은 우리에 관한 오해를 풀었고, 이후에는 가끔 모임을 마치고 집에 돌아가는 여자아이들을 집에 데려다주기도 했습니다.

하나님의 역사 뒤에는 무릎 꿇고 기도하는 자들이 있다.

– 드와이트 무디|Dwight L. Moody

여성 한 명이 모임에 나오기 시작하면서 믿음 생활을 시작했습니다. 그런데 얼마 지나지 않아 남편의 반대로 더 이상 모임에 오지 못할 것 같다고 했습니다. 우리는 형제 한 명과 함께 그의 집을 찾아갔지만, 남편은 대문조차 열어주지 않았습니다. 마음이 몹시 무거웠지만 할 수 있는 일이 없었습니다. 집으로 돌아온 우리는 하나님께 이 일을 맡기며 그를 친히 만나 달라고 기도했습니다.

며칠 뒤 산골 마을을 방문했다가 나린으로 돌아오는 길이었는데, 한밤중이었습니다. 산 위에는 혹독한 날씨 가운데 심한 눈보라가 치고 있었는데, 멀리서 자동차 전조등으로 도움을 요청하는 사람들이 있었습니다. 자동차 발전기 벨트가 고장 나는 바람에 꼼짝 못 하고 추위에 떨고 있었던 것입니다. 나는 항상 여분의 부품을 가지고 다녔기 때문에 발전기 벨트를 하나 꺼내서 주고 자동차 수리하는 것도 도와주었습니다. 이윽고 자동차 시동이 걸리자 매우 고마워하면서 우리 집 주소를 물었고, 부품도 돌려주러 가겠다고 약속했습니다. 그래서 병원 맞은편에 산다고 일러준 후 서로 헤어졌습니다.

그런데 그다음 날 남편의 반대로 모임에 나오지 못했던 자매가 우리 집을 찾아왔습니다. 그리고 말하기를, 앞으로는 언제든지 모임에 올 수 있을 것 같다고 했습니다. 알고 보니 전날 밤 도움을 받았던 두 명의 남자 중 한 사람이 그녀의 남편이었습니다! 눈보라 속에서 나는 그를 알아보지 못했지만, 그는 알아본 것입니다. 하나님이 우리의 만남을 직접 계획하셨습니다.

집에서 모이는 키르기스 신자들의 수가 점점 많아졌습니다. 키르기스 사람들은 늘 친척이나 친구들을 데려왔기 때문입니다. 처음에는 몇 명 없었지만, 신자들을 통해서 더 많은 사람들이 모이게 되었습니다. 복음은 마치 밀을 경작하는 것처럼 퍼져 나갔습니다. 밀 이삭 하나에서 수십의 새로운 밀 이삭이 생겨나고, 또 거기서 수십이 생기듯 나린 땅에 믿는 사람들의 수가 많아지기 시작했습니다.

1990년 여름에는 7명의 신자가 세례를 받았고 정기적인 예배가 시작되었습니다. 이전에 세례를 받은 키르기스 신자들이 몇 명 있긴 했지만, 우리는 이 해를 키르기스 교회의 생일로 여기게 되었습니다.

나는 키르기스 교회의 탄생이 있기까지 수많은 동역자들과 협력자들이 있었다는 사실을 알리고 싶었습니다. 무명의 후원자들뿐 아니라 복음이 전파되는 일에 협력했던 수많은 사람들이 있었습니다. 예수의 몸 된 교회에서 성도들은 모두 서로를 섬기며 도왔습니다. 또 우리 가족이 나린 땅에 들어오기 훨씬 전부터 키르기스 민족의 마음속에 복음이 심길 수 있도록 앞서서 하나님이 준비하셨음을 확신합니다.

천국에 가면 키르기스 땅을 위해 기도했던 사람들을 만나게 될 것입니다. 그리고 하나님의 말씀을 받들어 밤낮 눈물로 키르기스 땅을 하나님께 올려드렸던 사람들과 마침내 교제하게 될 것입니다. 나는 믿음의 삶을 살았던 이름 없는 믿음의 용사들이 무수히 많다는 것을 압니다. 머리 되신 예수님 아래 함께 기도하고 협력하는 것이 예수의 몸 된 교회의 기능이자 사역이기 때문입니다.

또한 키르기스 민족의 부흥을 위해 이름 없이 수고한 많은 사람들의 헌신이 있었음을 믿습니다. 키르기스인들을 볼 때마다 그들 마음속에 있는 영적인 갈급함과 복음에 쉽게 마음을 여는 모습이 놀라웠습니다. 그들은 마치 아이처럼 예수님을 받아들였습니다. 진실되고 단순하게 예수님을 받아들였습니다. 예수를 믿는 자마다 멸망치 않는다는 것을 알게 되면 그들은 참으로 기뻐했습니다.

키르기스 사람들은 천국에서 그들을 위해 기도했던 사람들, 즉 이 땅에서는 알지 못했던 사람들을 만나 하나님께 감사의 찬양을 올려드릴 날이 올 것입니다!

선교사여, 당신은 피로 가득한 메시아의 길을 따라가는 자요
십자가에 달린 자를 위해 십자가에 달릴 자요
선교사여, 당신의 마음은 사탄과 마귀의 표적이요
그러나 어린 양의 피로 당신은 싸워 이길 것입니다

당신은 소박하며 유명하지 않습니다
당신이 걸어간 믿음의 길을 사람들은 모릅니다
당신은 세상을 위해 희생할 운명입니다
순수하지만 신중하게, 찬양을 받지만 비난받기도 하며

당신이 가난함으로 사람들이 부유해졌습니다
당신은 그리스도를 위한 바보요
당신은 자신의 삶마저 포기해 버렸습니다
잃어버린 것은 찾을 수 없습니다

당신은 눈물을 흘렸지만
그 눈물 때문에 성장이 있을 것입니다
하나님이 추수하기 위해
다른 일꾼들을 보내실 것입니다

© 박군서

2 부

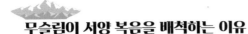

무슬림이 서양 복음을 배척하는 이유

기초를 놓는 것은 집을 지을 때 가장 중요한 부분이다. 잘못 지어진 집은 수리가 가능하지만, 기초가 잘못되면 수리가 불가능하기 때문이다.

하나님을 위해 사람들에게 말하는 것은 위대한 일이다. 하지만 사람들을 위해 하나님께 말하는 것은 더 위대하다.

– E. M. 바운즈 Edward McKendree Bounds

2부에서는 무슬림을 위한 전도 방법을 소개하고자 합니다. 물론 이것만이 유일한 전도 방법이라고 생각하지는 않습니다. 그러나 이 방법은 하나님이 가르쳐 주신 것이며, 그 방법을 통해서 우리는 의미 있는 사역의 열매들을 얻었습니다.

현대 복음 전도의 근본적인 문제는 사람들에게 '상업적인' 복음을 전한다는 데 있습니다. 그렇다면 상업적인 복음이란 무엇일까요? 그것은 사람들에게 예수님이 그들을 위해 무엇을 하셨고, 또 무엇을 주고 싶어 하시며, 또 더 많이 주고 싶어 하신다는 말을 전하는 것입니다. 예수님이 누구인지 처음 듣게 된 사람들에게 단순히 그분을 받아들이기를 요구합니다. 이렇게 할 때 사람들은 자신들의 죄성에 대한 깊은 인식과 함께 자신들이 구원받아야 할 존재임을 깊이 이해하지 못합니다.

이런 복음은 서양에서도 사람들의 마음에 깊이 받아들여지지 못하는데, 무슬림에게는 그 정도가 더 심합니다. 전도할 때 흔히 들을 수 있는 "예수님을 믿으면 모든 것이 잘 된다"라는 말은 무슬림들이 받아들이기 매우 어려운 말입니다. 오히려 무슬림에게 솔직하게 이야기해야 합니다. 예수님에게 나아오면 심각한 문제들을 많이 겪게 될 거라고 말입니다.

중앙아시아에서 수년간 사역하는 동안 하나님은 우리의 실수를 깨닫게 하셨습니다. 하나님은 우리의 마음을 키르기스 민족을 향한 그분의 사랑으로 채워 주셨고, 우리의 사역을 인도하셨습니다. 하나님을 증거하기 전에 우리는 사람들과 친구가 되기를 원했고, 그들과 친밀한 관계를 쌓으려고 노력했습니다. 이러한 관계 형성 없이는 우리가 하는 말이 그들의 마음속 깊이 받아들여지지 않을 것이기 때문입니다. 입을 열어 그들에게 복음을 전하기 전에 우리가 먼저 마음과 삶을 그들에게 열고 그들을 우리의 삶으로 초대해야 했습니다. 우리의 신앙을 공유하기 이전에 먼저 우리의 삶을 그들과 나눠야 합니다.

물론 하나님은 다른 방법으로도 사람의 마음을 만질 수 있는 분이심을 믿습니다. 그럼에도 내가 무슬림들에게 전도한 방법을 여러분들과 나누기를 원합니다.

관계가 형성되었다는 것은, 복음을 전할 수 있고 또 들을 수 있는 신뢰 관계가 형성되고 준비된 것을 의미합니다. 이때 중요한 한 가지 규

칙을 기억해야 합니다.

여러분이 아는 모든 것을 말할 필요가 없다는 것과 말을 조심해서 하라는 것입니다. 무슬림들은 '예수 그리스도'와 '복음' 그리고 '성경' 등의 말을 두려워할 수 있습니다. 그런 단어들을 무분별하게 사용함으로써 그들에게 복음을 전할 기회가 차단되어 버릴 수도 있음을 명심해야 합니다. 그 단어들이 주는 두려움 때문에 복음을 거부하게 될 수도 있습니다.

여러 번의 경험을 통해서 무슬림들이 복음에 관심을 보이는 것 자체만으로는 그들의 마음이 준비가 되었다고 할 수 없다는 걸 알게 되었습니다. 복음을 온전히 듣기 위해 선행되어야 하는 것이 자신의 죄에 대한 인정입니다.

하루는 시장에서 한 무슬림이 나에게 화를 내기 시작했습니다. 그는 내가 나린에 러시아 또는 유럽의 신을 데려왔다고 말했습니다. 나는 부드럽지만 단호하게 그에게 질문했습니다.

"당신이 말하는 신이 누구입니까?"

그는 내게 내뱉듯 답했습니다.

"당신의 신, 예수 말이오!"

그래서 재차 그에게 예수가 태어난 장소를 아느냐고 질문했습니다. 그가 대답했습니다.

"아마 상트페테르부르크 아니면 유럽 어딘가에서 태어났겠지!"

그는 교육을 많이 받지 못한 사람이었습니다. 나는 그에게 내가 믿는 이사(sa: 예수)는 중동에서 태어났고 태어난 지 8일째 되던 날 할례를 받았으며, 평생 돼지고기를 먹지 않으셨다고 말해줬습니다. 그는 내 말에 매우 큰 관심을 보였습니다. 그는 내게 할례를 받았는지, 그리고 돼지고기를 먹지 않는지 물었습니다. 그에 대해 나는 할례를 받지 않았고 돼지고기도 먹는다고 했습니다. 그러자 그가 이렇게 대답했습니다.

"당신은 그러면 대체 왜 이 신을 믿는 것이오? 이 신은 당신의 신이 아니라 우리의 신인 것 같소."

그에게 유럽인들은 한때 우상을 숭배하는 토속 신앙인이었고, 동쪽에서 온 첫 번째 복음 전도자^{마케도니아의 빌립보에서 사도 바울}를 몽둥이로 때리고 감옥에 가두기도 했다고 말했습니다. 그는 내 이야기에 더 큰 관심을 보였고, 우리는 꽤 오랜 시간 대화를 나눴습니다. 그와 나눴던 대화를 통해서 무슬림들은 대체로 복음에 열린 마음으로 반응하기 때문에 단지 알맞은 맥락에서 전하기만 하면 된다는 것을 깨닫게 되었습니다.

나쁜 소식부터 전하라

> 그리스도인들이 복음을 전할 준비보다 세상이 복음을 받아들일 준비가 더 잘 되어 있다.
>
> — G. 피터스 G. Peters

복음은 분명 좋은 소식입니다. 그러나 복음을 받아들이기 전에 사람들은 나쁜 소식부터 들어야 합니다. 나쁜 소식을 모르는 상태에서는 복음이 좋은 소식으로 받아들여지지 않거나 복음을 오해할 수 있기 때문입니다. 스스로 선하다고 여기는 사람이든, 스스로 나쁜 사람이라고 생각하는 사람이든 그 누구도 자신의 죄에 대하여 완전히 이해할 수는 없습니다. 죄를 통탄하는 마음은 성령님으로부터 오기 때문입니다. 좋은 소식을 받아들이기 위해서는 먼저 자신의 죄성을 인식하는 것이 매우 중요합니다.

사람들은 흔히 죄를 도덕적인 범죄, 즉 잘못된 일과 연관시킵니다. 그렇기 때문에 진정한 무슬림에게 죄성을 인식시키거나 그들 또한 죄인이라고 말하는 것은 매우 어려운 일입니다. 그러나 죄의 열매가 보이지 않아도 악한 나무는 겨울에도 악한 나무인 것입니다. 우리의 죄성과 구원자이신 예수님이 우리에게 왜 필요한지 설명할 수 있는 좋은 예입니다. 또 사람들이 굳세게 붙잡고 사는 자기 의를 부수는 강력한 진리이기도 합니다. 만약 자신의 죄성으로 인해 슬퍼하면서 "나는 곤고한 자로다"라며 탄식하지 않는다면 그 사람은 구원의 소식을 들을 준비가 아직 안 된 것입니다. 우리 모두가 죄인이라는 진리에 집중하지 않으면 예수님을 믿게 되더라도 믿음과 자기 의 사이에서 혼란스러운 삶을 살아가게 될 것입니다.

어린아이들이 단추 채우는 법을 배울 때 간혹 실수로 단추를 잘못 채우고는 어디서부터 바로잡아야 할지를 고민합니다. 결국 마지막 단추까지 내려갔을 때 셔츠 단추가 잘못 채워져 있다는 사실을 깨닫곤 하는데, 그런 자녀들을 보며 어머니들은 중간부터 시작하지 말고 첫 번째 단추부터 잘 채워야 한다고 알려줄 것입니다. 나머지 단추들은 자연스럽게 제 자리를 찾아갈 것이기 때문입니다. 이 단순한 상식은 죄를 용서하시는 하나님의 근본 진리에 있어서도 그대로 적용됩니다.

학교에서 학생들이 수업을 잘 이해했는지 확인하기 위해 선생님이 질문하듯 복음을 전하는 사람도 듣는 사람이 자신의 죄를 잘 이해했는지 질문해야 합니다. "한 사람이 지옥에 가려면 얼마나 많은 죄를 지어야 할까요?"와 같은 질문을 했을 때 "태어나는 것으로 충분합니다"와 같은 대답을 한다면 그 사람은 복음을 제대로 이해한 것입니다.

죄사함에 대한 확신은 구원을 받기 위해서만이 아니라 이후의 신앙생활에 있어서도 매우 중요합니다. 죄사함을 위해서는 죄를 인정하기만 하면 되며, 그 외의 어떠한 노력도 필요하지 않음을 확신하는 것입니다. 우리는 예수님의 사랑을 통해, 그리고 그의 안에 거함으로써 구원을 얻습니다. 예수 그리스도를 믿는 사람들은 모든 것이 예수님을 통해 이루어진다는 것을 깊이 경험하게 됩니다. 그러나 많은 기독교인이 구원의 기쁨을 잃어버리는 이유는, 회개한 이후에도 계속 죄책감을 느끼면서 살아가는 것이 하나님의 은혜를 누리는 방법이라고 생각하기 때문입니다. 행하는 것과 이미 이루어진 것 사이에서 혼동하면서 율법은 관대해지고 은혜는 점점 엄격해지는 것입니다. 예수님과 동행하는 신앙인의 선한 삶을 향한 열심의 동기는 사랑입니다. 이를 통해 우리는 선한 목자의 말씀을 더 잘 듣고 이해하게 되며, 그의 인도하심을 따라갈 수 있는 것입니다.

사역하면서 겪었던 한 사건을 통해서 죄성에 대한 바른 이해 없이는 진정한 믿음에 이르지 못한다는 사실을 알게 되었습니다. 죄성에 대한 바른 이해가 없어도 기독교에 익숙해질 수 있습니다. 그러나 그리스도에게 가까이 갈 수는 없습니다. 죄성을 바로 이해하지 못하면 그 사람의 믿음은 결국 무너지고 말 것입니다.

죄성을 인정하지 못하는 사람들은 하나님을 마법 지팡이처럼 취급하기 때문에 하나님이 자신들의 소원대로 움직여 주지 않으면 결국 교회로부터 떨어져 나가게 되고 믿음이 깨어지게 됩니다. 이 모든 문제들의 근본적인 이유는 예수님과 동행을 시작하기 전에 자신의 죄성과 '나쁜 소식'을 제대로 이해하지 못했기 때문입니다.

편지는 처음부터 읽어야 합니다

성경은 변호를 필요로 하지 않는다. 그저 공부해야 할 뿐이다. 성경은 스스로 변호할 수 있기 때문이다. 우리가 하는 것보다 훨씬 수월하고 정확하게….

– 야코프 레벤Yakov Leven의 『씨 뿌리기*Sowing the Seed*』 중에서

자신의 신앙에 대해 강한 확신을 갖고 있는 무슬림에게 자신의 죄를 인정하도록 하려면 어떻게 해야 할까요? 하루는 한 물라mullah, 이슬람 율법 학자가 말했습니다.

"러시아 사람들은 보드카와 타락 그리고 웃어른에 대한 무례한 태도 등을 이 땅에 가져왔는데, 이제 와서 우리에게 자신들의 신을 전하겠다고 하다니…."

우리는 이 부분을 두고 기도했고 하나님은 우리의 실수를 알게 하셨습니다. 하나님은 가끔 무슬림을 통해서도 우리의 연약함과 실수를 깨닫게 하셨습니다.

어느 날 저녁 몇몇 사람들과 함께 구원에 관해 이야기를 나누고 있었습니다. 나는 성경 이곳저곳을 찾아가면서 구원에 대한 다양한 구절들

을 읽어주었습니다. 그런데 한 사람이 내 말을 끊으면서 말했습니다.

"성경책 전체가 아니라 여기저기서 한 구절씩 읽는 것을 보니 지금 우리에게 숨기는 게 있는 것이 아니오? 당신은 우리가 들어야 할 구절들을 찾아서 읽어주고 있는 듯한데, 편지의 내용을 제대로 이해하기 위해서는 당연히 편지의 처음부터 읽어야 합니다."

나는 그 말을 듣고 정말 부끄러웠습니다. 무슨 말을 해야 할지 모를 만큼 당황했지만, 분명한 것은 하나님이 이 사람의 입을 통해서 내게 말씀하시는구나 하는 것이었습니다.

하나님의 말씀이 마태복음이나 요한복음에서 시작되는 것이 아니라 창세기 1장 1절부터 시작된다는 것을 다시 한 번 생각하게 하신 것입니다. 자기 자신을 잘 알기 위해서는 그에 앞서 하나님에 대해 잘 이해

나린 지역 산골의 유르트. @ Wikipedia

해야 합니다. 사람들은 흔히 기존에 갖고 있던 종교 지식이나 개념들을 통해서 하나님을 이해하려고 합니다. 하지만 하나님의 기준에 자신을 갖다 대면서 비교하기 이전에 하나님의 기준이 무엇인지를 먼저 이해해야 마땅합니다.

우리가 '하나님의 편지'를 처음부터 읽기 시작했을 때 성경을 읽는 사람들의 머릿속에 하나님의 형상이 조금씩 그려지기 시작했습니다. 세상 모든 것을 창조하신 하나님이 세상 만물의 주인이라는 사실이 그들의 마음속에 자리 잡기 시작한 것입니다. 그리고 오직 주인이신 하나님만이 우리 삶의 기준을 결정할 권리가 있음을 조금씩 깨닫게 되었습니다.

나는 하나님의 말씀을 사람들이 잘 이해할 수 있도록 하기 위해 다양한 예들을 활용했습니다. 모든 작가가 글에 대한 저작권을 가지듯 하나님은 그분의 창조물들에 대한 '저작권'을 갖고 계시며 이 권리는 세상 모든 사람들에게 적용된다고 설명했습니다. 그래서 하나님은 모든 피조물의 주인이라고 말했습니다.

또 겨울을 나기 위해 시장에서 감자를 샀던 경험도 나누었습니다. 트럭에서 가게로 옮겨진 감자 포대들은 가게 뒤편에 보관되어 있고, 사람들은 감자 포대에서 필요한 만큼의 감자를 각자의 장바구니에 옮겨 담았습니다. 그리고 장바구니의 무게를 큰 저울에 단 후 가격을 지불하면 되는데, 간혹 상인들이 저울을 조작해서 몇 킬로그램씩 부족할 때가 있습니다. 순진한 구매자들의 손해가 상인들의 이익이 되어 버린 것입니다. 나는 이런 얌체 상인들의 행태를 잘 알고 있었기 때문에 감자를 사거나 다른 채소를 살 때면 36킬로그램짜리 덤벨을 가져갔습니다. 감자 포대를 저울에 올려놓기 전에 먼저 덤벨을 저울 위에 올려놓았는데, 그러면 상인은 급히 저울을 다시 조작해서 덤벨의 무게에 맞췄습니다. 정확한 무게의 덤벨 앞에서는 자신의 저울이 옳다고 우길 수 없기 때문입니다. 저울이 무게의 기준을 만드는 것이 아니라 무게 단위가 저울의 정확성을 정하는 것이기 때문입니다.

나는 사람들이 하나님의 기준에 대해서 배우려면 그분의 기준에 맞추어 우리 개개인의 저울, 즉 우리의 삶을 조절해야 한다고 말했습니다. 게다가 그것을 심판 날에 하는 것보다 지금 하는 것이 훨씬 지혜로운 일이라고 조언했습니다.

"이 기준은 나나 다른 사람들이 만든 것이 아니라 하나님이 만드셨기 때문에 여러분과 같이 나도 심판 날에 하나님의 기준에 부합하는지 확인받게 될 것입니다."

이러한 진리는 그들의 마음에 깊이 각인되었습니다.

무슬림들은 성경 속 이야기에 많은 관심을 보였고, 특히 하나님의 창조에 대해서는 매우 흥미롭게 여겼습니다. 성경 이야기 대부분이 쿠란의 이야기와 비슷했기 때문입니다. 그들과 대화할 때 나는 성경 속 인물들과 개념들을 러시아어로 소개하지 않고 히브리어와 비슷한 아랍어로 소개했습니다. 예를 들어, 무슬림들은 하나님이 자신들에게 네 가지 책을 주셨다고 믿습니다. 첫 번째는 선지자 모세를 통해 주신 토라^{Torah,}

모세오경, 두 번째는 선지자 다윗을 통해 주신 시편Zabur, 세 번째는 선지자 예수를 통해 주신 인질복음서, 마지막 네 번째는 무하마드 선지자를 통해 주신 쿠란이 그것입니다. 성경 속 인물들의 이름을 아랍어로 이야기하는 것이 그들에게는 더욱 친숙합니다. 아담은 아담 아타Adam-Ata, 노아는 누흐Nuh, 아브라함은 이브라힘Ibrahim, 이삭은 이스학Iskhaq, 야곱은 야쿱Yacub, 요셉은 유숲Yusuf으로 말입니다. 나는 그들과 쿠란의 내용에 대해 논쟁하지 않기 위해서 주의했으며, 성경을 앞부분부터 차례대로 함께 공부하는 방법을 통해 쿠란의 내용도 자연스럽게 다룰 수 있었습니다.

할례와 희생 제물의 뼈가 부러지지 않게 온전히 바치는 제사 같은 그들의 종교 관습이 성경 속 내용과 상당히 비슷하기 때문에 무슬림들은 성경을 공부하는 것에 대해 아주 흥미로워했습니다. 성경을 통해서 자신들의 관습에 얽힌 역사와 유래를 정확히 알게 될 뿐 아니라 성경에 대한 대화가 더욱 피부에 와 닿게 되었을 때 큰 관심을 보이면서 대화에 적극적으로 임했습니다.

하나님이 성경을 우리에게 주신 순서대로 함께 읽는 것도 매우 중요했습니다. 그 순서를 지키지 않고 성경을 읽으면 처음 성경을 읽는 사람들의 머릿속이 혼란스러워지기 때문입니다. 예를 들어 아브라함이 그의 아들 이삭을 제물로 바치려고 하는 부분을 읽은 후 곧 이 말씀은 예수님이 십자가에 달리실 것을 예언한 것이라고 말하면 이해를 잘하지 못하는 것과 같습니다. 성경을 여러 번 읽고 그 내용이 익숙한 우리에게는 모든 것이 명확해 보이지만, 처음 성경을 접하는 사람들에게는 그렇지 않을 수 있기 때문입니다. 그들은 하나님의 구원의 원대한 계획을 아직 알지 못합니다. 예수님이 십자가에 달려 돌아가신 것을 먼저 알아야 그분을 통해 예언이 이루어짐을 볼 수 있습니다. 그래서 그들과 함께 순서대로 성경을 읽을 때 그 속에 드러나는 하나님의 구원의 계획을 직접 언급하지 않은 채, 무슬림들이 마침내 그것을 이해할 수 있게 될 때를 기다렸습니다. 무슬림에게 환영받지 못하는 예수의 이름이 직접적으로 등장하는 부분은 아직 읽지 않았기 때문에 그때까지 함께 꾸준히 성경 공부를 할 수 있었습니다.

또 성경 속 많은 이야기들을 전할 때는 마치 주일학교에서 종종 그랬던 것처럼 등장인물에 초점을 맞추고 그들의 좋고 나쁨에 집중하여 전달하는 대신, 이야기 속에서 드러나는 하나님께만 집중했습니다. 특히 하나님의 성품과 그분이 죄를 어떻게 생각하고 어떻게 반응하는지, 그리고 그분에게 나아오고자 하는 사람들을 어떻게 대하시는지에 대해 집중적으로 나누었습니다.

누군가 예수님에 대해 논쟁하고 싶어 하면 그에게 "당신은 아담 아타가 첫 인간이었다는 사실을 믿으십니까?" 하고 질문했습니다. 그러면 대개 그렇다고 대답했는데, 다시 그에게 "그렇다면 아담 아타는 무슬림인가요? 혹은 기독교인인가요?"라고 물었습니다. 그러면 그 사람은 잠깐 고민한 후에 아담은 무슬림도 기독교인도 아니라고 대답했습니다. 예수님은 아직 이 땅에 오지 않으셨고, 무하마드도 태어나기 전이기 때문입니다. 그렇게 대답한 후 그들은 "그렇다면 벌써 논쟁할 필요는 없군요. 아직 아담 아타에 대해 이야기하고 있으니까요"라고 하면서 성경 공부를 계속했습니다.

성경의 첫 3장에는 복음 전체가 숨어 있습니다. 충분한 시간을 가지고 이 세 장을 함께 읽는다면 듣는 사람들이 그 마음에 복음의 기초를 든든히 세우게 되고 복음을 받아들일 수 있는 준비가 됩니다. 이를 위한 아주 좋은 강의를 소개하고 싶습니다. '성경적 기초Biblical Foundations'라고 하는 50강짜리 강의인데, 선교사 친구들로부터 전해 받은 이 강의는 하나님의 구원의 계획을 연대순으로 잘 정리해 줘서 무슬림뿐만 아니라 다른 종교를 가진 사람들에게 전도할 때에도 매우 유용합니다.

성경을 연대순으로 접근하는 방법이 무슬림에게는 특히 효과적입니다. 연대순으로 성경을 읽으면 이슬람 신자들이 혼란스러워하지 않을 뿐 아니라 자신의 죄성에 대한 진정한 자각으로 이어지게 하며, 나아가 예수 그리스도의 이름 때문에 두려워하지 않기 때문입니다.

토라의 이야기 속에 복음을 담다

성경 속 모든 말씀은 역사와 법, 시와 예언까지 모두 다 그리스도를 가리키는 표지판이다.

– 드와이트 무디

무슬림이 복음을 거부할 때 우리는 그들이 거부하는 것이 '빵'이 아니라 '그릇'이라는 사실을 기억해야 합니다. 그릇을 거절하게 되면서 빵도 함께 거절하는 것입니다.

앞서 했던 말이지만, 무슬림은 먼저 나쁜 소식을 들어야만 뒤에 올 좋은 소식을 제대로 이해할 수 있습니다. 맨 처음 그들이 마주하게 되는 나쁜 소식은 아담의 범죄로 인하여 모든 사람이 죄인으로 이 땅에 태어난다는 사실입니다. 짖지 않아도 개는 이미 개인 것처럼 말입니다. 그리고 기도나 금식, 어떤 철학이나 선행을 통해서도 사람의 죗값을 결코 갚을 수 없다는 것과 인류의 범죄의 결과가 하나님으로부터 영원히 분리되는 죽음이라는 사실을 알게 됩니다. 이것은 자기 의를 무너뜨리는 첫 번째이자 가장 중요한 나쁜 소식입니다. 이 시점에서 무슬림에게 죽음의 다양한 개념에 대해 알려줘야 합니다.

그리고 죄 없이 '옷을 벗으신,' 즉 죽임을 당하신 예수님의 희생은 아담이 부끄러워 스스로 나뭇잎으로 만들었던 '자기 의'의 옷을 대신하여 입을 수 있는 '옷'이 되었음을 알려줘야 합니다. 그리고 아담의 후손이기 때문에 죄인일 수밖에 없는 가인과 아벨의 이야기를 들려줍니다. 하나님은 다른 형태의 희생은 절대 받지 않으신다는 사실과 함께 죄 없는 어린 양의 죽음만이 구원으로 나아가는 길이라는 진리를 이해할 수 있어야 합니다. 사람의 어떠한 노력과 선행으로도 하나님께 나아갈 수 없다는 것이야말로 하나님의 구원 계획의 핵심입니다. 다른 방법이나 다른 종교로는 구원을 받을 수 없음을 강조해야 합니다.

어느 날 이런 내용을 가지고 공부하던 중 한 사람에게 물었습니다.

"만약 당신이 죄를 지었고 감옥을 가야 한다면 당신의 양 한 마리가 당신 대신 형벌을 받을 수 있습니까?"

그는 이 세상에 그걸 허용할 만한 법관은 없을 것이라고 했습니다. 그래서 다시 물었습니다.

"그럼 세상의 재판관이신 하나님이 당신의 죄를 대신해서 양 한 마리를 바치면 그것을 기뻐 받으실까요?"

그는 하나님이 직접 그렇게 제사를 드리라고 명령하셨다고 했습니다. 하나님이 에덴동산에서의 죄의 대가로 피의 제물을 처음으로 취하셨지만, 이는 뒤에 올 진정한 희생의 예고에 불과했습니다. 여기까지 얘기했지만 예수님이 하나님의 진정한 어린 양이라는 사실은 아직 말할 시간이 아닙니다. 복음의 씨를 받기에는 아직 밭이 완전히 준비되지 않았기 때문입니다. 사람들이 보이는 관심 자체가 그 사람이 복음을 받아들일 준비가 되었다는 것을 의미하지는 않는다는 점을 기억해야 합니다. 땅이 복음의 씨를 잘 받기 위해서는 밭을 갈고 돌을 골라내는 작업이 선행되어야만 합니다.

그래야만 다른 이야기나 곁길로 가지 않고 구원으로 가는 바른길로 무슬림들을 단계적으로 이끌 수 있습니다. 즉 무슬림들에게 구원의 핵심 사실들을 친숙하게 만들어 주는 것입니다. 물론 시간이 많이 드는 일입니다. 성경의 첫 세 장만 가지고도 대부분 열 번 정도의 모임 시간이 필요했습니다. 무슬림들과 만날 때 그들에게 복음을 전하지 않고 모임을 마쳐도 괜찮은지 하나님께 여쭤본 적이 있습니다. 하나님은 그들이 진리 그 자체에 관심을 갖지 않는다면 세례를 준 다음 진리에서 떠나가는 것보다 차라리 지금 떠나가는 것이 훨씬 낫다고 대답해 주셨습니다.

창세기 3장에서는 "여자의 후손"이라는 말이 처음으로 등장합니다. 나는 이 구절이 사탄을 이길 구원자를 보내주시겠다는 하나님의 첫 번째 약속이라고 소개합니다. 그럴 때 누군가가 "예수 그리스도가 그 구원자입니까?"라고 질문하면 나는 아직 이 시점에서 성경은 이에 대해 구체적으로 언급하고 있지 않다고 이야기합니다. 그리고는 조심스럽게 하나님의 편지를 계속 읽어보자고 권합니다. 그들은 결국 모든 선지자들을 알아본 후 자신들이 믿었던 분이 누구였는지 깨닫게 될 것이며,

그럴 때 사람들은 진정한 구원자이신 예수님을 만나게 될 것입니다. 하나님이 보내신 구원자의 '예고편'을 토라를 통해 집중해서 보다 보면 나중에는 예수님을 그 예고편들과 비교해서 볼 수 있게 됩니다. 그때는 내 입술이 아니라 그 사람들의 입술에서 예수님을 구원자라고 고백하게 될 것입니다.

나는 성경을 읽을 때마다 이 편지의 저자가 하나님이시며, 나는 그저 우편배달부라는 사실을 강조했습니다. 편지의 내용이 마음에 들지 않는다고 해서 우편배달부인 나를 비난할 것이 아니라고 했습니다. 다만 편지의 내용, 즉 진리를 지금 아는 것이 하나님 앞에 설 마지막 날에 알게 되는 것보다 훨씬 이로울 것이라고 강조했습니다.

죄 사함을 받기 위해 양 몇 마리를 바쳐야 할까?

오직 하나님만이 사람의 영혼을 만족시키십니다

– V. 마르친코브스키 V. Martsinkovsky

무슬림은 샤리아 Sharia; 쿠란을 바탕으로 한 법의 체계 법을 공부할 때 가장 큰 충격을 받게 됩니다. 샤리아 자체가 사실은 그리스도를 가리키기 때문입니다. 무슬림들은 샤리아를 준수하며 살아가면 하나님의 심판을 피할 수 있을 것이라고 믿습니다. 그러나 겉모양으로 법을 지키는 것으로는 하나님을 만족시킬 수 없다는 것을 무슬림들도 깨닫게 됩니다. 그리고 하나님은 사람의 마음을 보시며 마음속 깊은 곳에서부터 하나님의 법을 따라 살도록 요구하신다는 것을 그들도 잘 알게 됩니다.

예를 들어, 무슬림들은 흔히 자신들이 "부모를 공경하라"라는 계명을 잘 지키면서 살아가고 있다고 생각합니다. 이 계명 때문에 실제로도 근동近東에서는 노인 공경과 특히 부모를 향한 절대적 순종이 일상화되어 있습니다. 그러나 겉으로는 그렇게 부모를 공경하는 모습이 있을지라도 마음속에 부모를 향한 분노가 있다면 그 자체로 이미 계명을 어기는 것이며, 계명을 지키지 않은 대가는 죽음이라는 사실을 알게 될 때 무슬림들은 무너지고 맙니다. 이때가 야고보서 2장 10절의 말씀을 읽을 때입니다.

"누구든지 온 율법을 지키다 그 하나를 범하면 모두 범한 자가 되나니"

무슬림들과 대화할 때 다음과 같은 질문을 자주 합니다.

"의사가 위급한 환자를 거의 살릴 뻔했다면 그 환자는 산 것입니까? 깊은 계곡을 뛰어넘을 때 반대편에 거의 닿을 뻔했다면 다치지 않은 것입니까? 절벽에 걸린 체인에 매달려 있을 때 고리 하나만 끊어지면 다치지 않는 것입니까? 샤리아 법을 거의 다 지키면 구원을 받을 수 있습니까?"

이런 질문을 하면 사람들은 "제가 어떻게 해야 구원을 받겠습니까?"라고 물어옵니다.

나와 이런 대화를 나눴던 한 사람이 어느 날 아침에 찾아왔습니다. 자동차가 없었던 그는 나에게 자기와 함께 양을 끌고 올라가 줄 수 있느냐고 물었습니다. 그 양은 자신의 죄를 위해 제사 드리기 위한 것이었습니다. 나는 그에게 양이 몇 마리나 있는지 묻고 지금까지 지은 죄와 앞으로 지을 죄를 모두 용서받기 충분하냐고 도전했습니다. 그는 어두운 얼굴로 힘없이 "아니오. 충분하지 않아요. 그러면 제가 어떻게 해야 합니까?"라고 물었습니다.

"죄의 삯은 죽음이고 지옥입니다."

내가 그에게 이렇게 말하자 그는 도움을 요청했습니다. 그래서 나 자신도 그와 같은 상황에 처해 있어서 도움을 줄 수 없다고 말했습니다. 나 또한 나의 죄를 위해 제사 드릴 충분한 희생 제물이 없다고 했습니다. 그는 실망감을 안고 돌아갔고, 나는 그를 위해 간절히 기도했습니다. 하나님이 아직은 예수 그리스도에 대해 전할 때가 아니라는 마음을 주셨기 때문입니다.

'너무한 것 아니냐'라고 생각할 수도 있지만 자신의 구원 계획을 위해 수천 년 동안 인내하신 하나님을 생각하면 하나님의 때를 기다리는 것이 너무나 당연합니다. 하나님의 구원 계획의 마지막 준비 단계는 세례 요한이었습니다! 오랜 기다림의 목적은 세상의 죄를 드러내고 고발하기 위함이었습니다. 성령님은 율법을 통해서도 같은 일을 하십니다.

내게 도움을 요청했던 남자가 다음 날 다시 찾아왔습니다. 그는 내가 왜 나린으로 와서 이런 말을 전하고 있는지 물었습니다. 또 내가 나린으로 오기 전까지 자신의 삶은 훨씬 평화로웠다고 했습니다. 그에게 나는 우리가 아직 하나님의 편지를 끝까지 읽지 않았기 때문에 지금은 어떠한 결론을 내릴 때가 아니라고 말했습니다. 그러자 그는 복음과 진리의 말씀을 끝까지 알고 싶어 했습니다.

사람들은 예수님이 그들의 구원자와 메시아이신 것을 알게 되면 뛸 듯이 기뻐했습니다. 그들은 아이 같은 순수한 믿음과 기쁨으로 가득 찼습니다. 성경을 읽고 공부함으로써 예수님을 믿게 된 그들은 자신들이 러시아 신앙이나 서양 신앙을 갖게 된 것이 아니라 참 하나님을 알게 된 것이라는 사실을 깨달았습니다. 이 발견은 무슬림 가운데서 살아가야 할 그들에게 크나큰 힘이 되었습니다.

하나님의 말씀에 근거하여 강한 믿음을 갖게 된 사람들은 열정적인 교인이자 주변 무슬림들에게 복음을 전하는 선교사로, 지역 교회에서 멘토로서의 역할을 감당했습니다. 그리고 복음을 전할 때 내가 그랬던 것처럼 토라를 통한 전도 방법을 사용했습니다.

가끔 산골에서 전도 실습을 하던 신학생들이 우리를 방문할 때가 있습니다. 그들은 자신들이 어떻게 마을에서 쫓겨나고 예수 그리스도를 위하여 어떤 어려움을 당했는지 나누곤 했는데, 나는 그들이 겪은 어려움이 예수님을 위해서가 아니라 그들이 어리석었기 때문에 겪은 것임을 일러주었습니다. 나는 연소자가 연장자를 가르치는 일이 있을 수 없는 이곳 문화에 대해 상기시켜 주었고, 복음을 전할 수 있는 합당한 시간이 올 때까지 설교하지 말고 묵묵히 현지인들에게 도움이 되는 일을 하라고 조언했습니다. 또 복음에 대해서 궁금해하는 사람들이 있더라도 그들이 두려워하는 예수 그리스도의 이름을 말하는 대신, 하나님의 천지창조부터 시작해서 성경 말씀을 처음부터 차근차근 나누라고 했습니다.

물론 하나님은 다양한 방법으로 무슬림들에게 말씀하실 것입니다. 그러나 집을 지을 때 강한 기초가 필요한 것처럼 복음이 받아들여지는 일에도 마찬가지로 기초가 필요합니다. 복음이 한 민족에게 흘러 들어가서 그들을 변화시킬 것을 기대한다면 복음의 빠른 전파에만 매몰되면 안 됩니다. 복음이 그들의 복음, 그들 민족의 복음이 되게 해야 합니다. 물론 이 일에는 많은 시간이 걸리고 하나님의 지혜가 절실하게 필요합니다. 강은 강줄기를 따라서 흘러갑니다. 만약 선교사들이 '운하'를 파려고 한다면 그 운하를 통해서 물이 잘 흘러가는지 지속적으로 확인해야 합니다. 운하는 자연적으로 만들어진 강과 다르기 때문입니다.

불행히도 나를 포함한 많은 선교사들이 간혹 복음 자체가 아니라 다른 이유와 목적으로 기독교 신앙을 받아들이는 것을 곧바로 간파해 내지 못하는 경우가 있습니다. 어떤 사람들은 선교사들의 친절에 보답하기 위해 예수님을 믿기로 하며, 개인적인 욕심과 욕망을 이루는 방편으로 예수님을 믿기로 결정하기도 합니다.

어느 날 러시아어 예배를 드리는 교회에서 설교하다가 성도 가운데 휠체어에 앉은 터키 사람을 보았습니다. 설교를 마친 후 이 남자와 대

송쿨(Song-Kul). 제사에 사용된 돌무더기. ⓒ 박군서

화하게 되었는데, 이 사람이 회개하기를 원한다고 했습니다. 그를 찾아가 인사하자 그는 그리스도인이 되고 싶다면서 어떻게 하면 예수님을 믿을 수 있느냐고 물었습니다. 그는 무슬림으로부터 진리를 알고자 했으나 실패했고, 그래서 그리스도인들로부터 진리를 찾을 수 있다는 확신을 갖게 되었다고 했습니다. 나는 그가 어떻게 그런 결론에 이르게 되었는지 궁금했습니다.

그는 무슬림들이 자신을 속였다고 대답했습니다. 모스크에서 그의 돈을 다 가져갔으나 자신을 도와주지 못했다는 것입니다. 어떤 도움을 받기 원했느냐고 물어보니 그는 다시 걷게 되기를 원했다고 했습니다. 그런데 무슬림들이 치유를 약속했지만 그 약속이 지켜지지 않았다고 말했습니다. 그는 예수님이 앉은뱅이를 치료하신 것에 대해 들었고, 그리스도인들로부터 치유를 받고 싶어서 교회를 찾아온 것이었습니다.

나는 그 사람에게 다시 걷게 되는 것 말고 예수님을 영접해야 할 다른 이유가 있느냐고 물었습니다. 그는 세상에서 이렇게 친절한 사람들은 만나본 적이 없다면서 이런 사람들에게는 진리가 있으리라 확신한다고 했습니다. 그의 무슬림 친척들은 자신을 버렸지만, 기독교인들이 그를 보살펴 주었고 그에게 좋은 휠체어를 주었기 때문입니다. 기독교인에 대한 미담을 듣는 것은 물론 행복한 일이지만, 그 순간 성령님이 내게 경고하셨습니다.

"이 남자는 너를 포함한 친절한 기독교인들을 존경한다. 이 공동체에 들어오기 위해 그는 네가 말하는 모든 것들을 할 준비가 되었다. 이슬람 전통에 반대되는 행동을 하라고 해도 그는 할 것이다. 네가 말하는 기도를 그는 따라 할 것이다. 그러나 그러할지라도 그 사람은 그리스도 안에서 너의 형제가 되지는 못할 것이다."

나는 그가 진리를 받아들이려면 우선 진리를 알아야 한다고 생각하면서 그에게 죄의 사함이 필요하냐고 물었습니다. 그는 인생을 살면서 대단한 범죄 행위를 한 적은 단 한 번도 없다고 했습니다. 물론 그는 다른 사람들과 비교해 볼 때 꽤나 선한 사람이었습니다. 그러나 하나님과 죄 그리고 구원에 대해 이야기하자 더 이상 나와 대화하고 싶어 하지 않았습니다.

시간이 조금 흐른 후 그 교회를 다시 방문할 기회가 있었는데 목사님에게 이전에 만난 터키 무슬림 남자에 대해 물어보았습니다. 그는 기독교인들에게 더 많은 것을 바라기 시작했으며, 그의 모든 요구를 들어주지 못하자 곧 교회를 떠났다고 했습니다. 나는 이 터키 남자를 통해서 다시 한 번 같은 결론에 도달했습니다. 진리를 알고 싶어 하지 않는 사람들을 도울 수 있는 방법은 아무것도 없다는 것입니다.

역사 속에 자신을 드러내시는 하나님

하나님 없이 우리는 아무 일도 할 수 없다.

하나님도 우리를 통하지 않고서는 일하지 않으신다.

– 아우구스티누스 Aurelius Augustinus

    하나님은 역사를 통해서 자신을 드러내십니다. 그리고 성경은 인류 역사를 바라보는 하나님의 관점이기도 합니다. 만약 나에게 엄격한 상사가 있다고 가정합시다. 그렇지만 그 말만으로는 사람들이 상사에 관해서 잘 알 수 없습니다. 만약 그 상사와 관련된 다양한 이야기들을 하고 그가 직원들을 어떻게 대했는지 자세히 털어놓는다면 사람들은 그의 인격과 성격에 대해 더욱 잘 알게 될 것입니다. 마찬가지로 우리는 하나님의 행하심과 그의 말씀이 기록된 성경을 창세기부터 차근차근 읽어 나가면서 그분을 더욱 잘 알게 됩니다.

    성경은 마치 거울과 같습니다. 나의 힘과 노력으로는 무슬림에게 죄에 관해서 설명할 수 없고, 설사 설명하더라도 그들을 납득시키지 못했을 것입니다. 내가 한 유일한 일은 그들 앞에 거울, 즉 성경을 가져다 놓는 것이었습니다. 그들은 성경이라는 거울을 통해서, 그리고 성령님의 도우심으로 자신들의 죄를 인식하게 되었습니다.

예수님도 제자들에게 그렇게 하셨고, 제자들도 예수님과 똑같은 방법으로 복음을 전했습니다. 예수님은 제자들에게 진리를 말씀하셨지만 그럴 때마다 제자들은 그 말씀을 이해하지 못했습니다. 그들의 마음속에는 메시아와 그분의 왕국에 대한 자신들의 생각들로 가득 차 있었기 때문입니다. 다시 말하면 제자들의 마음은 아직 복음의 씨를 받아들일 준비가 되어 있지 않았던 것입니다. 사람들은 마음 밭이 준비된 다음에야 복음의 진리를 받아들일 수 있습니다. 장사된 지 삼 일 만에 부활하신 예수님이 엠마오로 내려가는 두 제자와 길에서 동행할 때에도 제자들은 예수님을 알아보지 못했는데, 예수님이 제자들에게 성경의 진리를 말씀하시자 제자들의 마음이 뜨거워졌습니다. 예수님은 모세부터 시작해서 성경 속 사건들을 순서대로 제자들에게 가르치셨고, 성경 곳곳에 기록되어 있는 구원자에 대한 예언을 알리셨습니다.

"그리스도가 이런 고난을 받고 자기의 영광에 들어가야 할 것이 아니냐 하시고"누가복음 24장 26절

그 후 예수님이 제자들 앞에 나타나셨을 때 다시 한 번 이 가르침을 주었고 그들의 눈과 "마음을 열어 성경을 깨닫게" 하셨습니다누가복음 24장 45절. 사도 바울도 회당에서 성경 말씀을 통해 나사렛의 예수가 그리스도이며 메시아이심을 증거 했습니다.

복음을 전하는 일은 밭에서 일하는 농부의 일과 비교할 수 있습니다. 농부는 땅을 고르고 씨를 뿌릴 준비를 하는 데 대부분의 시간을 보냅니

다. 사실 씨를 뿌리는 일은 시간이 많이 들지 않습니다. 그런데 복음을 전하려고 할 때 우리는 흔히 씨를 뿌리는 일에 너무 많은 관심을 집중하곤 합니다. 하나님의 말씀이 살아 있는 씨이기 때문에 복음을 증거하고 전하는 일이 가장 중요하다고 생각하는 것입니다. 농부가 이처럼 씨를 뿌리면 어떻게 되겠습니까? 어리석은 일이 아닐까요?

한 산골 마을에서 신학생 한 명이 예수님을 소개하면서 복음을 전하고 있었습니다. 집으로 돌아가기 전에 그는 내게 마을에 꽤 많은 사람들이 예수님을 영접했다며 마을을 방문해 줄 것을 요청했습니다. 우리가 도착했을 때 마을 주민들은 우리에게 몇 명의 신학생들로부터 하나님에 대해 들었고 그들이 나눠준 책을 받았다고 했습니다. 그러나 그들은 복음을 이해하지 못했고 결국 모스크의 물라에게 가서 복음을 설명해 달라고 요청했습니다. 물라는 그들이 보여준 책을 보면서 이 책들은 러시아 신앙에 관한 책이라고 설명했고, 마을 주민들은 받은 책을 다시 신학생에게 모두 돌려주었습니다. 우리는 마을 사람들에게 청년들과 함께 기도하고 예수님을 영접한 분이 있느냐고 물었습니다. 그러자 사람들이 말했습니다.

"우리는 예수님이 우리를 도와주고 치료하며 우리가 원하는 것을 주신다고 들었지만, 기도해도 아무런 일이 일어나지 않았습니다."

이후 우리는 마을의 물라를 만났고, 그는 남은 책들을 가져가겠느냐고 물었습니다. 물라는 그 책들을 불쏘시개로 쓰고 있었습니다.

안타까운 일은, 마을 사람들이 복음과 구원에 대해 완전히 이해하기 전에 이미 복음을 거부하게 되었다는 것입니다. 이는 참으로 불행한 일입니다. 그런데 우리는 이런 슬픈 일들을 자주 마주하게 됩니다. 열심히 복음을 전한 신학생들이 비난받아야 할 일이 아니며, 그들의 스승들이 반성해야 합니다.

이미 굳어진 전도 방법대로 그저 따라 하는 것으로 전도했다고 자위해서는 안 됩니다. 전도자들이라면 마음속 성령님의 인도하심을 따라 각각의 상황마다 어떻게 복음을 전해야 할지 알려주실 성령님을 깊이 의뢰해야 할 것입니다.

그럼에도 앞서 언급한 산골 마을의 예를 보면서 '무슬림은 진리를 알고 싶어 하지 않는구나!'라고 결론을 내릴 순 없습니다. 진정한 문제는 기독교인들이 그들을 '기독교인화'하려고 하는 것입니다.

모스크에서 기도하다

알면 알수록 더 큰 기회가 찾아온다.

– 동양 격언

다음은 내가 개인적으로 경험했던 또 다른 일입니다. 하루는 한 물라가 나를 모스크로 초대했습니다. 그곳에서 열렬한 환영을 받기 어렵다는 사실을 잘 알고 있었습니다. 무슬림들은 마을에 새로 생긴 교회와 교회로부터 퍼져 나가기 시작한 '새로운' 신앙에 대해 불편함을 느끼고 있었기 때문입니다.

모스크의 뜰에 들어섰을 때 입구 주위로 둘러앉은 나이 지긋한 무슬림들을 보았습니다. 그들은 내게 잠시 옆으로 와서 앉으라고 했습니다. 내가 그들 옆에 앉자 침묵이 흘렀습니다. 잠시 후 가장 연장자인 물라는 내게 어떻게 이 산중으로 들어오게 되었는지 물었습니다. 또 내 부모님은 어디에 계시며, 왜 무슬림에게 기독교를 포교하는지도 물었습니다. 나는 하나의 종교를 믿는 사람들을 다른 종교로 개종시키는 것이 목표가 아니라는 것과 기독교인보다 훨씬 많은 시간을 기도하며 보내는 무슬림을 존경한다고 말했습니다. 또 내가 이슬람이라는 종교에 대해 잘 알지 못하기 때문에 무슬림은 어떻게 구원을 받는지 알고 싶다고 했습니다. 나는 대화가 날카로워지는 것을 조심하면서 여러 가지 질문을 했고, 덕분에 차분하게 대화를 이어 나갈 수 있었습니다. 얼마 동안 대화하다가 시간이 흐르자 그들은 시계를 보더니 기도를 위한 준비를 시작했습니다.

나이 지긋한 물라가 내게 본인들이 기도할 때 뭘 하고 있을 것이냐고 물었습니다. 나는 "저도 기도하겠습니다"라고 대답했습니다. 그러자 "자네는 기독교인이 아닌가! 어떻게 모스크에서 기도를 할 생각을 하나?"라고 말하면서 굉장히 놀라워했습니다. 나는 아무 곳에서나 기도할 수 있다고 대답했습니다. 그러자 물라는 내게 모스크에서 기도하려면 먼저 몸을 씻어야 한다고 했습니다. 나도 흔쾌히 그렇게 하겠다고 대답했으며, 그들은 몸을 씻을 물을 항아리에 담아 가져다주었습니다. 물라는 세정식 하는 방법을 보여주었고, 나는 그가 알려준 대로 머리부터 시작해 20분간 세정식에 참여했습니다.

세정식이 끝나자 무슬림들은 내게 무슨 말을 해야 할지 몰라서 당황해하는 것 같았습니다. 잠시 그들 사이에서 대화가 오고 가더니 그들은 나를 모스크 안으로 안내해 주었습니다. 비록 내가 할례를 받지는 않았지만 세정식에 처음부터 끝까지 참여했기 때문에 모스크 안으로 들어가는 것을 허용한 것입니다. 모스크 안으로 들어가 메카를 향해 섰을 때 물라는 내게 아랍어 기도문을 모른다면 어떻게 기도할 것이냐고 물었습니다. 나는 선지자 예수를 통해 기도하겠다고 대답했고 물라도 고개를 끄덕였습니다. 예수는 쿠란에서도 중요한 선지자이기 때문에 그들이 내 말을 인정할 수 있었던 것입니다. 물라는 내가 기도하는 도중에 그들과 함께 절할 것을 부탁했는데, 절하지 않으면 하나님이 기도를 받아 주시지 않는다는 설명도 덧붙였습니다. 나는 반론을 펼치지 않고 알겠다고 했습니다. 기도 시간은 꽤 오래 계속되었습니다. 기도 시간 내내 나는 이 사람들에게 구원을 받는 방법을 설명할 수 있는 기회를 달라고 하나님께 간절히 기도했습니다.

기도를 마친 후 그들과 함께 차를 마셨는데, 이전과는 달리 분위기가 꽤 호의적으로 바뀐 것을 느꼈습니다. 무슬림들은 내게 여러 가지 질문을 던졌는데, 질문을 다 들은 후 내가 답변할 수 있는 기회가 생겼습니다. 나는 아담으로부터 시작해서 성경에 대해 이야기하기 시작했습니다. 몇 분이 지나지 않아 한 물라가 "투라 데이트!turah deit; 키르기스어로 '그가 옳다'"라고 외쳤고, 그들은 모두 내 이야기에 집중했습니다. 오랜 시간 나는 이 무슬림들에게 토라에 기록되어 있는 구원으로 가는 길에 대해 말할 수 있었습니다. 내가 말을 마쳤을 때 물라들의 의견은 둘로 나뉘었고, 그들은 마치 나라는 존재에 대해서는 까맣게 잊은 채 치열하게 논쟁했습니다.

나는 물라들에게서 본 성경에 대한 관심과 열린 마음 그리고 복음의 힘이 얼마나 놀라운지 다시금 생각하면서 집으로 돌아왔습니다.

타지키스탄 사람들

온 세상에 '복음'을 전하라. 그리고 필요할 때만 '말'을 하라.

– 프란체스코 Francesco, d'Assisi

나린에서 사역을 시작한 지 얼마 되지 않았을 때 굉장한 고민에 빠져서 하나님께 자주 묻곤 했습니다.

"하나님, 이들의 믿음이 나에게 달린 것입니까? 내가 죽거나 어느 날 이곳을 떠나게 되더라도 저들의 믿음이 이어질까요?"

마음속의 의심을 더 키운 것은 옆집의 나이든 아주머니가 한 말 때문이었습니다. 그녀는 젊은 청년들이 우리 집에 자주 오는 것은 그저 함께 차를 마시고 서로 알아가는 시간이 즐겁기 때문이라고 하면서 만약 우리가 떠난다면 그들은 새로 받아들인 신앙을 버리고 다시 무슬림으로 돌아올 것이라고도 했습니다.

마음이 무척 무거웠던 내게 하나님은 다음과 같이 말씀하시면서 격려하셨습니다.

"사람이 자기 힘으로 이루어 놓은 것은 그가 살아 있을 때까지 유효

하지만, 그리스도를 통해서 새롭게 태어난 사람은 시간이 흐를수록 성숙하고 자랄 것이며, 나아가 다른 사람들을 내게로 인도할 것이다. 그들을 내게 인도한 사람이 떠나가는 것은 이와는 상관없는 일이다."

저는 하나님께 "그렇습니다. 주님, 오직 당신만이 생명을 주실 수 있습니다!"라고 감사드렸습니다. 그러자 하나님은 "네 말이 맞다. 나는 생명의 하나님이다. 그리고 너는 그 생명을 품는 자궁이다!"라고 말씀해 주셨습니다. 하나님은 내 염려와 두려움을 없애 주셨고, 이후에도 늘 함께하셨습니다.

한번은 카몰Kamol이라고 하는 한 타지키스탄 남자가 우리 집 대문을 두드렸습니다. 우리는 그가 어떻게 타지키스탄에서 키르기스스탄, 그것도 나린이라는 산골까지 오게 됐는지 궁금했습니다. 차를 나누면서 그는 자신의 이야기를 들려주었습니다. 카몰은 얼마 전 감옥에서 복역을 마쳤고, 나린에 정착하라는 명령을 받고 이곳까지 오게 되었다고 했습니다. 또 이미 나린에서 수년간 일하고 있었으며, 곧 자신의 아내와 아이들이 이곳에 함께 살러 올 것이기 때문에 거주할 수 있는 집을 구하고 있다고도 했습니다. 키르기스 사람들은 대부분 타지크Tadzhik 사람들을 좋아하지 않았고 사용하는 언어도 상당히 달랐기 때문에 타지크 사람이 키르기스 산골에서 집을 구하기란 여간 어려운 일이 아니었습니다. 결국 집을 구하지 못한 카몰은 병원 맞은편에 사는 러시아 사람에게 가면 도움을 받을지도 모른다는 이야기를 듣고 찾아온 것이었습니다.

이렇게 절박하게 도움을 청하는 사람을 어떻게 외면할 수 있겠습니까? 그때에는 이미 마당에 있는 별채에 한 가정이 살고 있었기 때문에 우리 집에 있는 방 하나를 주기로 했습니다.

카몰은 뛸 듯이 기뻐했습니다. 그리고 우리 집에 살면서 술과 마약을 절대로 하지 않기로 약속했습니다. 우리는 빠르게 친구가 되었고 아이들도 스스럼없이 친해졌습니다. 카몰의 아내는 우리에게 타지키스탄 전통요리를 해주기도 했습니다. 나는 카몰에게 여러 차례 하나님에 대해 전했지만, 그는 마음속에 벽을 세우고 있는 것 같았습니다.

새로운 집으로 이사 온 후 첫 세례식을 하는 날이 되었는데, 추이에서 많은 친구들이 축하해 주러 왔습니다. 카몰 가족은 손님들에게 기름밥을 대접하려고 준비했습니다. 추이에서 온 손님들은 각기 다른 교파 출신이었지만, 산골 나린으로 올라오기 전에 이미 교파의 차이에 따른 논쟁은 다 제쳐둔 듯 보였습니다. 나린에서는 교파와 민족을 뛰어넘어 한 공동체라는 의식만 존재했습니다.

카몰의 가족들은 한때 무슬림이었던 사람들이 기독교의 세례를 받는 모습을 조용히 바라보고 있었습니다. 다만 그들 자신은 아직 진리를 받아들일 준비가 되어 있지 않았습니다.

세례식 후 몇 달 뒤 어느 날, 퇴근해서 집에 왔는데 카몰의 아내가 울고 있었고, 그 옆에서 아내가 달래고 있었습니다. 카몰이 다른 타지키스탄 이민자들과 함께 조직적인 범죄 행위에 가담했다는 기소를 받고 끌려간 것이었습니다. 구체적인 소식은 들을 수 없었지만 카몰이 심하게 매질을 당하고 다른 도시에 있는 감옥에 수감되었다고 했습니다.

며칠 후 카몰의 가족은 짐을 싸서 타지키스탄으로 돌아갔습니다. 그 후 카몰이 징역형을 선고받아 다시 감옥살이를 하게 됐다는 소식을 들었습니다. 아무튼 카몰의 가족과의 관계가 그렇게 끝이 나는 듯했습니다.

그런데 몇 년 후 비슈케크를 방문했을 때 한 친구는 내게 타지키스탄 남자가 자신이 출석하는 교회에 와서 나를 찾았다고 알려주었습니다. 그가 누구일까 궁금했지만, 그때만 해도 카몰이라고는 전혀 생각도 못 했습니다.

며칠 후 나린으로 돌아왔을 때 카몰이 찾아왔습니다. 우리 부부는 카몰을 다시 볼 수 있어서 매우 기뻤습니다. 그는 우리를 끌어안으면서 자신이 나의 형제가 되었다고 말했습니다. 카몰은 감격에 겨워하면서 자신의 이야기를 들려주었습니다.

체포된 후 심하게 매질을 당한 카몰은 형무소에 있는 병원으로 가게 되었습니다. 그곳에서 그는 나를 속인 기억 때문에 너무나 괴로웠다고 했습니다. 밤에는 그의 친구들과 함께 술을 마시고 대마초를 피던 기억이 괴롭혔습니다. 또 그를 찾으시는 하나님의 음성을 무시하고 이중적인 모습으로 우리를 대한 것이 떠올랐습니다. 병원 침대에 누워서 카몰은 하나님께 용서를 구했고 새로운 삶을 살 수 있게 해달라고 간절히 기도했습니다. 감옥에 갇힌 것이 위험한 길에서 돌아서라는 하나님의 뜻이라고 깨달은 그는 하나님께 용서를 구하면서 그 증거로 신약성경을 보내 달라고 기도했습니다.

며칠 후 복도에서 들려오는 찬양 소리에 잠에서 깬 카몰은 병원을 찾아온 기독교인들을 큰 소리로 불렀습니다. 이 시기에는 소련에서 비교적 자유가 보장되었으며, 감옥에서의 포교 활동도 가능했습니다. 기독교인들은 카몰의 병실로 들어와서 신약성경을 주었는데, 그는 성경을 받아들고 그것이 자신의 기도에 대한 하나님의 응답임을 깨달았다고 합니다. 자신의 기도에 응답하신 하나님으로 인하여 감격하면서 신약성경을 품에 안고 침대에서 내려와 하나님 앞에 무릎 꿇고 찬양했습니다.

카몰은 6년의 징역형을 선고받았지만, 모범수로 일찍 풀려나게 되었습니다. 감옥에서 나오자마자 가족에게 달려가는 대신, 먼저 우리를 만나기 위해서 나린으로 온 것입니다. 카몰은 우리를 만나고 나서야 타지키스탄으로 돌아갔습니다.

3년 후 이 타지크 친구를 다시 만나게 되었는데, 카몰은 예수 그리스도 안에서 우리의 형제였습니다.

키르기스의 전통 결혼식 장면. ⓒ 박군서

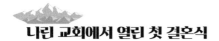

나린 교회에서 열린 첫 결혼식

교회는 카펫과 같다. 우리는 여기서 보지만 하나님은 하늘 위에서 내려다보신다. 본질적인 것에는 일치를, 비본질적인 것에는 자유를, 모든 것에는 자비를….

– 아우구스티누스

예수 그리스도의 몸 된 교회는 인종과 민족, 성별 사이의 장벽을 허물어서 새롭고 보편적인 현상을 일으키며, 전 세계 어디에서도 찾아볼 수 없는 특별한 공동체를 만든다.

– 필립 얀시

홀로 살아가는 남자의 삶은 반쪽짜리다.

– P. 파우스트 P. Puast

모든 것을 정리하는 순간 규칙은 막대한 피해를 초래할 수 있다.

– 게오르크 리히텐베르크 Georg Christoph Lichtenberg

하나님의 아들 안에서 하나 된 부부는 복 있는 사람들이다. 순례자의 인생에 있어 이보다 더 나은 것은 없다.

– P. 리아셴코 P. Lyashenko

교회 생활보다 우리의 삶에 더 큰 기쁨을 줄 수 있는 것은 없다. 교회는 기쁜 사람들의 기쁨을 지키며, 절망한 사람들에게 위로를 전하기 때문이다. 애통하는 사람들에게 교회는 기쁨을 주고, 지친 사람들은 교회에서 쉼을 얻으며, 곤란에 빠진 사람들은 교회에서 평화를 찾는다.

– 크리소스토무스 Johannes Chrisostomus

나린에서 예수님을 영접한 초기 신자들은 대부분 젊은 청년들이었는데, 이들은 얼마 지나지 않아서 기독교적인 결혼과 결혼식 문화에 대해 궁금해했습니다. 무슬림 전통에서 자란 젊은이들은 비록 예수님을 영접했다 해도 기독교의 결혼 문화를 그대로 적용하는 게 쉽지 않았습니다. 키르기스의 결혼 문화는 매우 극단적이었습니다. 알라카추Ala Kachuu; 키르기스스탄의 납치혼 문화라고 하는 보쌈 문화와 결혼 후 여성이 새신부로서 시댁에서 해야 하는 집안일 같은 막대한 책임에 이르기까지 우리로서는 받아들이기 어려웠습니다. 정부도 보쌈 문화 근절을 위해 노력하고 있었지만, 산골에서는 알라카추가 여전히 빈번했습니다. 우리는 결혼이라는 인생 대사를 대하는 그들의 태도를 더욱 잘 알기에 성경에서 말하는 결혼 문화를 나린에서도 세워가고 싶었습니다.

이웃에 사는 한 사람이 나를 보고 웃으며 말했습니다.

"러시아인들은 사랑하는 사람과 결혼해서 끝까지 살지 못하고 이혼하지 않소? 신부를 보쌈해서 결혼하는 것이 자랑스러운 일은 아니지만, 적어도 우리는 보쌈해 온 신부와 이혼하지 않고 끝까지 함께 산다오."

그러면서 아내에게 자신들이 결혼하게 된 이야기를 들려주라고 말했습니다. 그들의 이야기는 다음과 같았습니다.

군 복무를 마치고 집으로 돌아온 후 그는 좋은 신붓감을 발견하고는 그녀를 납치해서 결혼하기로 마음먹었습니다. 그의 부모님은 결혼 날짜를 정하고 친척들을 초대했는데, 어떻게 된 일인지 이 소식을 알게 된 아가씨가 택시를 타고 비슈케크로 도망가 버렸습니다. 부엌에서는 결혼식을 위한 준비가 한창이고 손님들이 식장으로 들어서고 있는데 신부가 도망을 가버린 것입니다. 그래서 그는 결혼식에 찾아온 친구들에게 아직 결혼하지 않은 동창들 사진을 보여 달라고 한 후 한 여성을 골라 친구들에게 얼른 데려와 달라고 부탁했습니다. 친구들은 지금의 아내가 된 처녀를 데려왔고, 그렇게 둘은 결혼하게 되었다고 했습니다. 그들은 보쌈으로 결혼한 이야기를 아무렇지도 않게 웃으면서 들려주었습니다.

그 후에도 비슷한 상황들을 종종 볼 수 있었습니다. 어느 날 한 젊은 형제가 찾아왔습니다. 그는 몹시 비탄한 표정을 지으면서 그날 저녁에 자신이 결혼한다는 소식을 전했습니다. 바로 그 순간 무슨 일이 일어나고 있음을 직감하고 청년과 함께 그의 집으로 갔습니다. 나는 그 청년이 무슬림 여인과 결혼하기를 원치 않는다는 사실을 알았습니다. 이전에 믿는 여성들에게 몇 번 프러포즈했지만 거절당한 사실을 알고 있었기 때문입니다.

그의 집에 도착했을 때는 이미 결혼식 준비가 한창이었습니다. 그 청년에게는 아버지가 없었기 때문에 형들이 아버지 역할을 하면서 결혼을 진행시키고 있었습니다. 키르기스스탄에서는 전통적으로 아버지가 아들의 결혼과 관련된 결정을 하며, 아들은 그저 아버지의 말을 따라야 합니다. 결혼을 하면 아들 내외는 아버지의 집에서 거주하게 되고 새 신부는 자연스럽게 가족의 일원이 됩니다. 그리고 며느리는 모든 집안 일을 하면서 그녀의 부모가 받아간 칼림 kalym; 당시 결혼지참금은 1,000루블과 말 몇 마리 그리고 보드카 한 짝 등으로 이루어졌다 이라는 결혼지참금을 갚아 나가게 됩니다. 키르기스어로 며느리는 켈린 kelin 인데, '들어온 사람'이라는 뜻입니다. 시댁에 딸이 있어도 며느리가 맡은 집안일에는 일체 도와주지 않는 것이 관례였습니다. 딸도 결혼하게 되면 시댁에서 똑같은 일을 해야 하기 때문이라고 말합니다.

나는 청년의 형들에게 인사했는데, 결혼식을 위해 다른 마을에서 온 사람들이었습니다. 그의 형들과 함께 차를 마시면서 이 청년은 예수 믿는 여성과 결혼해야 한다고 말했습니다. 그리고 결혼식을 한 주간 연기해 줄 것을 요청했습니다. 하지만 형들은 이미 동생에게 신붓감을 찾을 수 있도록 1년이나 시간을 주었다고 했습니다. 즉 동생이 결혼 준비를 못한 데다 자신들이 신붓감을 이웃 마을에서 찾아왔기 때문에 더 이상 결혼식을 늦출 수 없다고 말했습니다.

형들은 예수 믿는 여성과 결혼하기를 고집하는 이유를 이해하지 못했습니다. 다만 내가 예수 믿는 신붓감을 데려온다면 그녀와 결혼해도 좋다고 허락했습니다. 만약 그러지 못한다면 본인들이 찾은 여성을 데려와서 동생과 결혼시키겠다고 했습니다.

나는 그 청년과 이리나 그리고 다른 한 자매와 함께 그의 신붓감을 찾으러 다녔습니다. 마침 믿음 가운데 들어온 한 여성이 보쌈 되기를 기다리고 있다는 이야기를 들은 적 있어서 그 자매를 찾아갔습니다. 그런데 불행히도 (어쩌면 다행히) 그녀는 집에 없었습니다. 친구들을 만나러 산골 마을로 떠났다고 했습니다. 우리는 빈손으로 집에 돌아올 수밖에 없었습니다.

나는 이 상황을 청년의 형들에게 설명하면서 한 주 더 여유를 더 달라고 부탁했습니다. 형들은 더 이상 시간 낭비하지 말라고 하면서 얼른 산골 마을로 가서 신부를 데려오라고 했습니다. 내가 가진 작은 차로는 산을 오를 수 없다고 했더니 그들은 3톤 트럭을 내주었습니다.

그리고 형들에게 우선 그 여성의 의사를 알아야 한다고 말했는데, 그들은 이 말에 웃음을 터뜨리면서 그게 나의 문제라고 지적했습니다. 왜 이렇게 크고 세 보이는 남자가 여성 한 명을 놓고 쩔쩔매는지 이해할 수 없다는 것이었습니다. 형들은 더 이상 기다려주지 않았고, 그 청년은 어쩔 수 없이 불신자 여성과 결혼해야 했습니다. 우리는 불신자와 결혼한 그를 원망하지 않았습니다. 지역 주민들의 사고방식과 그들의 문화를 이해했기 때문입니다.

학교를 졸업한 모든 여자아이는 학업을 위해 도시로 나가지 않는 한 언제든지 보쌈을 당할 수 있다는 사실을 알고 있습니다. 여자아이들은 언제나 긴장해야 했으며, 숨거나 자신을 지킬 준비를 하고 있어야 합니다. 어느 날 갑자기 낯선 차에서 남자들이 우르르 몰려와 여성을 붙잡고 강제로 차에 태울 수 있기 때문입니다. 심지어 친구들을 통해 여자아이를 집 밖으로 유인한 후 납치하는 사람들도 있습니다.

그런데 갑자기 보쌈을 당할 때 믿음 가운데 들어온 여성들은 자신이 세례를 받았으며 기독교인이라고 소리를 질러서 풀려나기도 합니다. 나중에는 무슬림 여성들도 이러한 방법으로 위기를 모면하곤 했습니다.

신붓감을 납치하게 되면 이후의 일은 납치한 남자의 집에서 여자들이 담당했습니다. 그들은 납치되어 온 여성에게 예비 신랑을 칭찬하면서 그와 결혼할 것을 종용하는 한편, 도망가지 못하도록 감시합니다. 납치된 후 그 집에서 하룻밤을 보내고 나면 다음 날 도망쳐서 자신의 집으로 가더라도 여성의 부모는 처녀성을 잃은 것으로 간주하고 딸을 받아 주지 않습니다. 예비 신랑이 여성의 털끝 하나 건드리지 않았어도 마찬가지입니다.

이어 남자 집의 여자들은 보쌈해 온 여자아이를 둘러싸고 머리에 스카프를 두르려고 합니다. 처녀는 대개 이에 저항하게 되는데 스카프를 두른다는 것은 결혼을 받아들인다는 의미이기 때문입니다. 여자들과 납치되어 온 처녀 사이에서 스카프를 두르고 푸는 실랑이가 한참 계속되다가 처녀가 자포자기하는 심정으로 더 이상 풀지 않게 되면 결혼을 받아들인다는 의미로 여겨졌습니다. 그러면 처녀에게 사전에 준비한 편지를 내밀고 서명하게 하는데, 이 편지의 내용은 처녀가 결혼에 동의

한다는 것입니다. 다음 날 아침 신부의 부모에게는 이 편지가 칼림과 함께 전달됩니다.

그런데 납치된 여자아이가 계속 스카프를 두르려고 하지 않고 그 집에서 도망하려고 한다면 그 집에서 가장 나이 많은 여성이 대문 앞에 드러누워 막아섭니다. 그렇게 드러누운 여자 앞에 빵이 올려진 접시를 놓는데, 누워 있는 여자와 빵이 올려진 접시를 뛰어넘어 도망가면 누워 있던 여자가 얼른 일어나 도망가는 처녀를 향해 저주를 퍼붓기 시작합니다.

"너는 앞으로 결혼을 하거나 아이를 낳지 못할 것이며, 평생 행복을 모르고 살게 될 것이다."

여자아이들은 대부분 이 저주가 두려워서 실랑이를 벌이다가 결국 포기하고 자신을 보쌈한 남자와 끝내 결혼하게 됩니다. 반면에 믿는 여성들은 예수의 보혈이 지켜 주심을 믿기 때문에 그 저주를 두려워하지 않고 끝내 도망 나오는 경우가 많습니다.

하루는 한 노인이 찾아왔습니다. 그는 예수 믿는 자기 아들을 1년 안에 결혼시킬 책임이 내게 있다고 말했습니다. 왜냐하면 자신이 고른 처녀와 결혼하는 것을 아들이 거부했기 때문입니다. 사실 아들은 결혼에 대해 안드레이 바이케baike; 나이 많은 남자인 형님이나 삼촌와 의논하겠다고 말했습니다. 그러니 아들의 결혼에 대한 책임이 내게 있다는 것입니다.

그런데 키르기스 결혼 풍습에 부정적인 면만 있는 것은 아닙니다. 우리가 잘 몰라서 많은 실수를 했지만, 키르기스 풍습으로부터 배울 수 있는 좋은 점도 많습니다. 하루는 청년 모임에서 결혼과 관련된 청년들의 생각을 알기 위해 질문했습니다. 믿는 형제들이 결혼에 관해 어떤 생각을 하는지 궁금했기 때문입니다. 도둑질이 죄라는 것을 아는 형제들이니 여성을 도둑질하지 않을 것이라고 생각했습니다. 보쌈은 결국 도둑질이니까요.

그런데 형제들의 대답은 예상 밖이었습니다. 그들의 말은 이렇습니다. 조신한 아가씨들은 상대가 비록 마음에 든다 해도 프러포즈에 긍정적인 대답을 절대 하지 않는다는 것입니다. 젊은 자매들이 이 말에 동의했습니다. 만약 남자의 프러포즈에 예라고 대답하면 남자들이 여성을 쉽게 여긴다고 설명했습니다. 다시 말하면 여성의 가치와 명예가 남자의 프러포즈를 얼마나 많이 거절하는지에 달려있다는 뜻입니다. 그리고 만약 남자가 어떤 여자를 정말로 사랑한다면 그 여성을 납치할 수도 있다고 덧붙였습니다.

우리 교회에서 진행한 첫 번째 결혼식에서 신랑 신부가 결혼 서약을 할 때였습니다. 주례를 하던 나는 신랑에게 신부를 하나님이 주신 아내로 맞이하겠느냐고 물었습니다. 신랑은 그러겠다고 대답했습니다. 그러나 똑같은 질문을 신부에게 했을 때 아무런 대답을 하지 않았습니다. 신부가 잘못 들었나 생각하면서 또다시 질문했는데 돌아오는 것은 역시나 침묵뿐이었습니다. 그 순간 내가 큰 실수를 저질렀다는 것을 깨달았습니다. 키르기스의 풍습에 의하면 신부가 소리를 내어 대답할 수 없기 때문입니다. 신랑과의 결혼은 그녀도 원하는 바였지만 결혼식 하객들 앞에서 크게 "네"라고 대답할 수 없는 것이 그들의 풍습이었습니다.

얼른 질문을 바꾸어 신부에게 물었습니다. 만약 이 남자와 결혼하고 싶지 않다면 "아니오"라고 대답하라고 했습니다. 다시 한 번 침묵이 이어졌고, 침묵이 결혼에 대한 긍정적 대답이라고 말하면서 두 사람의 성혼을 선포했습니다.

결혼 풍습에 관한 토론은 그 후에도 이어졌는데, 몇몇 형제들은 보쌈 문화가 죄가 아니라고 주장하면서 성경에도 보쌈과 유사한 결혼 문화가 있다고 했습니다. 성경에 하나님의 아들 예수와 그의 신부 교회가 결혼할 날은 오직 하나님만 아신다고 되어 있는데, 그것은 신부가 보쌈을 당해 결혼하기 때문에 결혼 준비를 전혀 할 수 없는 키르기스의 결혼 문화와 비슷하다는 주장이었습니다.마태복음 25장 13절. 또한 성경에는 예수님이 예기치 못한 순간에 오셔서 신부를 찾아가실 것이라고 기록되어 있다며 다시 한 번 키르기스의 문화가 얼마나 성경적이냐라고 강조했습니다.마태복음 25장 5~6절.

그들은 또 이렇게 설명했습니다.

"예수님도 자신의 신부를 위해 비싼 결혼지참금을 내셨는데, 그것은 주님의 보혈이었습니다. 그리고 이제 예수님은 그분의 신부를 위한 장소를 마치 케세게keshege; 유르트 안에 설치되는 커튼. 신혼부부를 위하여 공간을 구분하는 역할을 한다처럼 예비하고 계시며, 신부를 위한 장소가 예비되면 신부를 하늘 아버지 집으로 데려가실 것입니다."

키르기스인들의 이런 주장은 정말 놀라웠습니다. 그들의 사고방식과 문화 속에 성경 속 유대의 문화가 녹아 있는 것이 참 흥미롭기도 했습니다.

결국 우리는 이런 키르기스의 문화가 좀 더 정화되면 좋겠다는 결론에 이르게 되었습니다. 예수님은 신랑이 신부를 보쌈하듯 우리의 의지와 상관없이 데려가시는 것이 아니며, 우리가 이미 예수님을 사랑하는 것처럼 결혼은 상호 간의 동의가 필수라는 것만큼은 키르기스인들이 받아들이고 적용하는 것이 필요하다고 했습니다. 키르기스 형제자매들에게 결혼에 관한 이야기를 하면서 아브라함 가족의 이야기도 놓치지 않고 전했습니다. 아브라함이 그의 종을 통해서 아들 이삭을 위해 신부 리브가를 찾았을 때 부모는 딸의 의사를 물어보았습니다. 성경을 통해 우리는 리브가의 동의가 있고 난 후에 결혼이 진행되었음을 볼 수 있는 것처럼 보쌈을 통해서 결혼할 때도 결혼에는 반드시 상호 간의 동의가 있어야 한다고 강조했습니다.

그리고 나서 키르기스 형제자매들에게 가나안 땅으로 들어가는 이스라엘 백성들의 이야기를 들려주었습니다. 하나님은 가나안 사람들의 금에 대해 이스라엘 백성들에게 불 속을 지나게 하라고 명령하셨습니다. 그 당시 금붙이들이 대부분 무속 신앙에 사용되었기 때문입니다_{민수기 31장 21~23절}. 금 자체에는 죄가 없지만 그럼에도 하나님의 사람들은 그 금을 다시 녹여 정화해야 했습니다. 이처럼 키르기스의 문화도 불 속을 지나가게 함으로써 불순물, 즉 죄를 제거하고 정화해야 한다고 키르기스 형제자매들에게 역설했습니다.

문화를 통해 배우다

> 복음은 생명수이고 선교사는 송수관과 같다. 송수관을 통해 물이 사람들에
> 게 흘러간다. 불행히도 송수관의 찌든 때가 물을 오염시킬 수도 있다.
> 의무적으로 말하지 말고 해야 할 말이 있을 때 말하라.
>
> ― 리처드 웨이틀리|Richard Whately

　우리는 키르기스어를 유창하게 구사하지 못했기 때문에 키르기스 사
람들이 누르딘 형님Nurdin-Baike 이라고 부르던 루돌프 쿱Rudolph Koop 을
새신자의 부모님이나 노인들이 참석하는 세례식 또는 결혼식에 초대하
곤 했습니다. 그는 롯프론트 마을에 사는 나이 많은 형제였는데, 키르기
스 문화와 언어에 능통했습니다. 우리 딸들은 그를 할아버지라고 부르
며 무척 좋아했습니다. 그는 우리 집에 올 때마다 아이들에게 선물꾸러
미를 가져왔을 정도로 마음이 따뜻한 사람이었습니다.

　누르딘 바이케는 외진 산골 마을에서 구하기 어려운 밀가루나 설탕
등을 챙겨서 마을에 들어가 나누어 주곤 했습니다. 이러한 친절함과 너
그러운 마음 때문에 많은 사람들이 그에게 마음을 열었습니다. 에딕 형

님Edik-baike이라고 불렸던 에드워드 기츠베르트Edward Gizbercht도 우리를 방문한 적이 있습니다. 그 역시 키르기스어를 매우 잘했습니다. 당시 그는 키르기스어로 성경을 번역하고 있었습니다.

이 형제들은 영적 진리를 단순하지만 선명하게 키르기스 사람들에게 전해 주었고, 그때마다 키르기스 사람들은 존경하는 마음으로 그들의 말에 경청했습니다. 문화와 언어를 잘 안다는 점 외에도 그들의 하얀 머리가 키르기스 사람들의 존경심을 불러일으켰습니다.

키르기스 사람들은 연장자들을 나이가 많다는 이유만으로도 존경합니다. 나이 많은 남성은 악사칼aksakal이라고 불리는데, 이는 흰 수염이라는 뜻입니다. 형제자매 가운데서도 나이가 많은 연장자가 존중받는데, 나이가 많이 차이 나지 않는 경우에도 예외 없이 그러합니다. 어린 동생들은 형이나 오빠를 바이케baike, 누나나 언니처럼 나이 많은 여성을 에제ejeh라고 부르며 존경합니다.

이런 문화로 인해서 일반적으로 연장자들의 말은 반대하거나 반박하지 않고 끝까지 잘 듣습니다. 연장자들은 식탁에 앉을 때도 출입구에서 가장 멀리 떨어진 상석에 앉는데, 그래서 문을 열고 들어오는 사람들은 자연스럽게 상석에 앉은 연장자를 먼저 보고 인사할 수 있습니다.

키르기스스탄에서는 초대받은 손님이 모두 오기 전까지 고기 요리를 준비하지 않는 것이 관습입니다. 모든 손님이 도착하고 마당에 둘러 모였을 때 그제야 양이나 다른 가축을 잡고 요리를 시작하는데, 이것은 손님에 대한 존경의 표시라고 합니다. 손님들이 도축하는 과정을 지켜보면서 식사에 제공될 고기가 신선하고 품질이 좋은 것임을 확인할 수 있기 때문입니다.

재미있는 점은 사람들이 양을 잡을 때 반드시 양의 허벅지의 힘줄을 잘라낸 후 던져 버린다는 것입니다. 창세기 32장 32절에서 이스라엘 백성은 허벅지의 힘줄을 먹지 않는다고 기록하고 있는데, 이것은 야곱이 하나님과 씨름하면서 허벅지 관절을 다쳐서 이후 다리를 절게 된 것에서 유래된 문화입니다. 키르기스 사람들은 허벅지의 힘줄을 자르는 이유를 잘 모르지만, 양을 잡을 때마다 허벅지의 힘줄을 던져 버리는 행위가 그들의 도축 문화로 자리 잡고 있습니다.

잔치에서 손님들은 서로에게 상석을 양보하려고 하는데 이런 관습으로 인해서 식탁에 자리 잡고 앉는 데도 시간이 많이 걸립니다. 잔치는 보통 가벼운 차로 시작하게 되며, 이때 식탁은 여러 가지 간식으로 가득합니다. 그렇지만 사람들은 이 간식을 많이 먹지 않는데, 면과 고기를 넣어 만드는 전통요리인 베쉬바르막이 곧 제공될 것임을 알기 때문입니다.

잔치 분위기가 무르익어 가면 손을 씻는 대야가 제공되고 모든 사람이 손을 씻는 의식을 진행합니다. '다섯 손가락'이라는 뜻을 갖고 있는 음식인 베쉬바르막은 손으로 먹는 것이 전통 식사법이기 때문입니다.

또 잔치에서는 고기를 나누는 절차도 매우 중요한 의미를 갖습니다. 이때 잔칫집 주인이 고기를 나눠야 하는데, 연장자부터 고기를 나누어 주는 것이 예의입니다. 잔바흐시jan-bahsh 라고 부르는 골반 부위를 연장자가 아닌 다른 사람에게 주는 실수만으로도 잔치를 완전히 망칠 수 있기 때문에 매우 주의해야 합니다. 손님들은 고기를 먹기 전에 자기에게 주어진 고기를 연장자에게 권함으로써 그들에 대한 존경을 표합니다. 이러한 전통을 보면 요셉이 형들과 함께 식사 자리에 앉았을 때 상석에는 가장 큰 형을 앉히고 나이순으로 앉게 했던 이야기가 생각납니다. 형제들이 모두 자리에 앉은 후 요셉은 큰 형부터 막냇동생까지 순서대로 고기를 나누어 주는데, 그가 가장 사랑하고 아꼈던 막내 베냐민에게는 고기를 두 배나 줍니다. 형제들이 요셉을 알아보지 못했기 때문에 그들로서는 낯선 이집트인이 자신들의 문화를 잘 알 뿐 아니라 그대로 행하는 것을 보고 매우 놀랍게 여깁니다.

아시아 문화권에서 나이는 굉장히 중요한 의미를 가지기 때문에 이곳 사람들은 누군가를 만날 때마다 이름과 나이를 물어보고 연장자에

베쉬바르막. 키르기스 전통요리. @ Wikipedia

대한 예의를 보입니다.

예수님을 영접한 지 얼마 되지 않은 청년이 성도들에게 간증을 하려고 하면 도중에 나이가 어떻게 되느냐라는 질문을 받는 경우가 종종 있습니다. 청년이 나이를 밝히면 몇몇 사람들은 이야기를 듣다 말고 일어나서 나가 버리는데, 이것은 그의 이야기에 흥미 없다는 표시가 아니라 단순히 연소자가 연장자를 가르치는 것을 받아들일 수 없다고 생각하기 때문입니다. 연소자들은 연장자들이 질문할 때만 말할 수 있습니다. 이런 전통 때문에 우리는 새신자들에게 바로 복음을 전하러 나가기보다 다른 사람들의 질문을 유도할 수 있는 새로운 삶을 살고 바뀐 행동을 보여주라고 권고합니다.

우리도 젊은 축에 속한다고 생각했기 때문에 우리 형제들에게 나와 아내를 바이케나 에제로 부르지 말라고 한 적이 있습니다. 그때는 연장자들에게 이런 호칭을 붙이는 것이 어떤 의미인지 잘 이해하지 못했기 때문입니다. 그러자 곧 형제자매들 사이에서 건강한 거리와 예의가 사라지는 것을 보게 되었고, 방문자들과 이웃들이 우리를 이상한 눈빛으로 바라보는 것을 느꼈습니다. 우리는 얼른 키르기스 문화와 사회에 맞는 호칭^{바이케와 에제}으로 불러 달라고 다시 부탁했습니다.

이슬람과 오컬티즘

우리의 씨름은 혈과 육을 상대하는 것이 아니요 통치자들과 권세들과 이 어

둠의 세상 주관자들과 하늘에 있는 악의 영들을 상대함이라

– 에베소서 6장 12절

키르기스 사람들이 믿는 이슬람 신앙에는 신비주의와 아르박^{arbak; 조}상의 영혼, 귀신을 숭배하는 무속 신앙이 섞여 있는데, 처음 이 사실을 알았을 때는 깜짝 놀랐습니다. 키르기스인의 무덤에는 묘비가 세워져 있는데, 키르기스인들은 여행을 떠나거나 길을 가다가도 공동묘지를 지날 때면 자리에 멈춰 서서 기도합니다. 망자의 혼을 향해 여행의 안전과 축복을 비는 것입니다.

키르기스 사람들은 장례식을 치를 때 유르트 안에 망자의 시신을 모셔 놓고 조문객들이 그 주위로 둘러섭니다. 특별히 부고를 전하거나 참석을 요청하지 않아도 장례식에는 마을 사람들 대부분이 자발적으로 모입니다. 그리고 장례 절차가 마무리되면 말을 잡아 함께 식사를 합니다. 그들은 관습을 좇아 무슬림 기도를 하고 그 외에도 아킨^{akyn}이라고 불리는 전통 가수가 망자의 삶에 관하여 노래를 합니다. 이런 전통은 성경에 나오는 사울과 요나단의 죽음을 슬퍼하며 노래하는 다윗의 모습을 연상시킵니다.

장례식이 끝나면 며칠 동안 물라가 초대되어 망자를 위해서 기도하고 상당한 양의 보수를 받아갑니다. 또 금요일 아침이면 각 가정에서는 여성들이 아침 요리를 할 때 팬이나 오븐 등을 달군 후 식용유를 몇 방울 떨어뜨려 연기를 냅니다. 이 연기는 가족이나 이웃들이 죽은 사람을 잊어버리지 않았음을 알리기 위해 내는 것이라고 합니다.

물라는 사람이 아프거나 집안에 여러 문제가 있을 때도 초대되는데, 그때 물라는 목에 매는 부적처럼 소위 '성스러운 물건'을 주기도 합니다. 또 신생아들의 손목에 검은색 점이 찍힌 구슬 팔찌를 채우는데, 이 팔찌가 신생아들을 악한 영혼들로부터 막아줄 것이라고 믿습니다. 그리고 아이들이 자라면 여자아이들은 이 팔찌의 구슬을 귀걸이에 달기도 합니다.

신자들의 믿음이 자라서 세례를 받게 되면 우리는 하나님이 무속 신앙을 어떻게 생각하시는지에 대해 알려주었습니다. 그러면 신자들은 그동안 지니고 있던 부적이나 물라가 주었던 물건들을 가지고 와서 불태웠습니다. 게다가 키르기스 사람들이 많이 앓는 특정 질병들도 무속 신앙과 연관되어 있음을 알게 되었습니다.

키르기스인들의 무속 신앙에 대해 더욱 깊이 이해할 수 있게 된 한 가지 사건이 있었습니다. 어느 날 저녁 한 사람이 자신이 사는 마을로 함께 가 줄 것을 요청했습니다. 그의 아버지가 사경을 헤매고 있었고, 가족 친지들이 모두 서둘러 임종을 지키러 가야 할 상황이었기 때문입니다.

나는 차를 몰았고 시골 마을에 있는 그의 집에 도착하자마자 친척들을 데리고 나오라고 했습니다. 친척들을 데리러 집으로 들어가면 차를 권하는 키르기스 문화로 인해 시간을 허비할 수 있기 때문입니다. 그런데 친척들을 데리러 간 남자는 한참이 지나도 나오지 않았습니다. 시간이 꽤 지난 후에야 나온 그가 말하기를, 친척들이 나와 함께 가지 않으려고 하기 때문에 그냥 집으로 돌아가라는 것이었습니다. 놀라고 당혹스러웠지만 더 이상 아무것도 묻지 않고 돌아왔습니다.

그다음 날 그 사람이 찾아와서 어제의 일에 대해 설명해 주었습니다. 그가 태워서 가려고 했던 사람들 가운데에는 친척들뿐만 아니라 병을 잘 치료한다고 소문난 물라도 있었다고 합니다. 그런데 그 사람이 물라의 집에 들어섰을 때 사전에 아무런 말도 하지 않았음에도 물라는 자신이 왜 왔는지 알고 있었으며, 그럼에도 함께 갈 수 없다며 거절했습니다. 기도를 해주면 많은 돈을 주겠다고 했지만 끝내 물라는 거부했습니다. 그러면서 차 안에 자신과 신앙이 다른 사람이 있으니 그와 함께 간다면 자신이 아무리 열심히 기도해도 아버지의 병을 낫게 하지 못할 것이라고 했습니다. 그래서 나와는 함께 가지 않을 것이며, 대신 다른 사람과 다른 자동차를 구하면 기도하러 가주겠다고 말했습니다.

이 일은 토속 이슬람 뒤에 어떤 영이 있는지 알 수 있게 해주는 사건이었습니다.

독일 방문과 새로운 도전

최전선에서의 승리는 믿음직한 후방으로부터 나온다.

1989년 정치적인 분위기가 많이 부드러워졌을 때 나와 아내는 마침내 독일을 방문할 수 있었습니다. 이리나의 부모님과 친척들은 오랫동안 만나지 못했던 딸 부부와 손주들을 마침내 보게 되어 매우 기뻐했습니다. 이 여행을 통해서 우리는 키르기스와 너무나 다른 서방 사회를 볼 수 있었습니다. 또 소련 안에 있는 사람들이 영적으로 얼마나 굶주려 있는지 깨닫게 되는 시간이기도 했습니다.

독일에서 몇 개월 생활하는 동안 아들 알렉산더 Alexander 가 태어났고 우리 가족은 다섯 명이 되었습니다. 어느 날 우리가 살던 도시 근교의 신학교에서 우리를 초청했는데, 그곳에서 키르기스스탄에서의 삶과 무슬림 사역에 대해 나누는 시간을 가지게 되었습니다. 나는 사도행전 16장 9절의 말씀에서 자신들을 도와 달라고 요청하는 마케도니아인들과 같은 마음으로 독일로 왔다고 말하며 간증을 마쳤습니다. 한 무리의 청년들이 내 요청에 응답했고, 그해 여름 우리와 함께 키르기스스탄에 와서 단기선교를 했습니다.

독일에 있는 동안 나는 코른탈뮌힝엔Korntal-Münchingen에 있는 선교 학교를 한 주간 방문하게 되었고, 그곳에서 인도네시아 선교사로 활동 했던 학교장 데트마 쉬네만Detmar Scheneman을 만났습니다. 그는 30년 간 무슬림을 위해 사역했던 사람이기에 물어보고 싶은 것이 많았습니다. 데트마는 여러 가지 질문에 성심성의껏 대답해 주었고, 그로 인해 선교에 대한 나의 시각이 넓어지는 계기가 되어서 매우 감사했습니다. 그리고 이듬해 여름 데트마는 나린을 방문했고 많은 부분에서 우리에게 도움이 되었습니다. 그는 무속 신앙을 어떻게 바라보고 대처해야 하는지 조언해 주었고, 그를 통해 훗날 키르기스스탄에 선교사로 오게 되는 제이콥Jacob과 헬렌 옥타비아누스Helen Octavianus를 소개받기도 했습니다.

코른탈뮌힝엔. @ Wikipedia

독일에서의 여정을 마치고 다시 나린으로 돌아왔을 때 많은 이웃과 친구들이 우리를 반겨주었습니다. 그들은 우리에게 마침내 상속자, 즉 아들이 생긴 것을 굉장히 기뻐하면서 내가 드디어 진짜 아버지가 되었다며 축하를 건넸습니다.

키르기스 사람들에게 아들은 두 배의 축복과도 같습니다. 이웃들은 아들을 나린벡Narynbek이라고 이름 지었는데, 이는 '나린의 용사'라는 뜻입니다. 그들은 양을 잡아서 우리를 위한 잔치를 열어주기도 했습니다.

우리 집은 아침 해가 뜰 때부터 해가 질 때까지 늘 사람들로 붐볐습니다. 그것은 이리나에게 굉장히 수고스러운 일이었는데, 대부분 모임이 다과를 나누면서 진행되기 때문에 아내는 늘 부엌에서 일해야 했습니다. 가족끼리 도란도란 식탁에 둘러앉아 이야기를 나눈 것이 언제인지 기억이 잘 나지 않을 정도였습니다. 가족들만의 시간이 매우 중요하다고 생각해서 월요일을 가족의 날로 정하고 지키려고 했지만, 지키지 못하는 날이 더 많았습니다.

그런 일상이 이리나에게 굉장히 무리가 되었는지 병이 나고 말았습니다. 나중에는 수술을 받아야 하는 상황까지 이르게 되었습니다. 결국 이리나는 수술을 받고 잠시 건강을 회복하는 것 같았지만 그 후 1년 반 동안 점점 건강이 더 나빠져 갔습니다. 여러 의사를 만나보고 마사지 치료도 병행했지만 차도가 없었습니다.

여러 노력에도 불구하고 이리나의 건강이 계속 악화되었기 때문에 결국 아내와 아들을 독일로 보내어 제대로 치료를 받을 수 있게 해야겠다고 생각했습니다. 나는 두 딸과 함께 나린에 남아 있기로 했는데, 마그달레나가 이미 학교를 다니기 시작했기 때문입니다. 우리 부부는 다시 헤어져 지내게 되었습니다. 다시는 없었으면 했던 헤어짐이 우리 삶에 다시 일어난 것입니다.

아내가 독일로 떠나고 한 주가 지난 시점에 이리나로부터 6시간에 걸쳐 복잡하고 어려운 수술을 받았다는 내용의 편지를 받았습니다. 그리고 건강 회복을 위해 꽤 오랜 시간 독일에 남아 있어야 했습니다. 이리나는 육체적으로나 심적으로 굉장히 지친 상태였습니다. 의사는 이리나가 1년 정도 안정을 취해야 한다고 권고했습니다. 즉 내가 두 딸과 함께 독일로 가서 아내 옆에 있어 줘야 한다는 의미였습니다.

나는 큰 충격을 받고 말았습니다. 우리 가족에게 일어난 일을 믿을 수 없었습니다. 이제 막 교회가 세워졌고 성도들은 이제 막 예수님을 영접한 어린 신자들인데 어떻게 이들을 남겨두고 떠날 수 있겠습니까?

며칠 동안 이 문제를 놓고 기도했습니다. 악한 사람들도 건강하게 살아가는데, 선교사로 헌신한 이리나의 건강을 가져가신 하나님을 원망하기도 했습니다. 그러나 하나님은 진정으로 모든 일을 주관하는 분이셨고 나의 원망하는 기도도 용서하셨습니다. 그때는 몰랐지만 하나님은 저희 가족을 위한 놀라운 계획을 가지고 계셨습니다.

이런 어려움 가운데 나는 다음의 찬양을 작곡했습니다.

외로움과 고통의 소용돌이가
나의 영혼을 조각조각 찢어버릴 때
오, 주님 저는 더 이상 당신의 생각을 듣기도 싫습니다

모든 사람들과 모든 것들을 버리고 떠나고 싶습니다

저희 가족의 항해를 방해하는 집채만 한 파도에
예수님의 이름을 소리 높여 외치지만
예수님은 주무십니다
그분은 파도가 두렵지 않기 때문이죠
그분에게 파도와 폭풍이 아무것도 아닐 테지요

폭풍 후에 고요한 숲처럼
잎새 하나 흔들리지 않는 그 평온함으로
주여 제 삶의 폭풍을 잠재워 주소서
저의 영혼이 갈망하는 평화를 주소서

하나님께 기도했습니다.

"하나님, 당신이 나를 이 땅에 보내실 때 나에게 확신할 수 있는 말씀을 주셨습니다. 지금 내가 떠나야 한다면 역시나 내가 붙잡고 따라갈 말씀을 주십시오."

그런데 성경을 읽어도 감동이 없었습니다. 어느 날 아이들을 재운 후 늦은 밤 다시 한 번 성경책을 폈습니다. 창세기를 읽었는데, 그 순간 갑자기 한 구절이 눈에 들어왔습니다. 하나님이 그 말씀을 통해 그 시간 그곳에 있던 내게 말씀하시는 것 같았습니다.

"내가 너와 함께 있어 네가 어디로 가든지 너를 지키며 너를 이끌어

이 땅으로 돌아오게 할지라 내가 네게 허락한 것을 다 이루기까지 너를 떠나지 아니하리라 하신지라 "창세기 28장 15절

나는 정말 놀랐습니다. 무릎을 꿇고 너무나 강력한 약속의 말씀을 주신 하나님께 감사를 드렸습니다. 지금은 떠나가야 할 때이지만 하나님의 때에 우리 가족을 다시 부르셔서 그분의 약속을 이루시리라는 확신을 갖게 되었습니다.

다음날부터 아이들과 함께 독일로 떠날 준비를 시작했습니다. 교회와 집과 자동차를 젊은 청년들에게 맡기고 하나님께 부탁드렸습니다. 이웃에 사는 어른인 아이샤칸 아파는 청년들에게 맡기면 그들이 신뢰를 저버릴 수 있다고 하면서 당신이 우리 집을 관리해 주겠다고 말했습니다. 하지만 나는 청년들에게 이 모든 것을 맡기는 것이 두렵지 않았습니다. 그들이 하나님을 알고 하나님과 동행하는 것을 알았기 때문입니다.

그로부터 몇 주 후 우리 가족은 독일에서 재회하게 되었고, 이리나의 건강 문제로 독일에서 1년간 생활하게 되었습니다. 마그달레나는 독일에서 학교를 다닐 수 있었고, 나도 신학교에 들어갈 수 있었습니다. 키르기스스탄이 너무나 그리워서 힘든 적도 많았지만, 한편으로는 영적으로 재충전하면서 앞으로의 선교 사역에 대한 새로운 비전을 품는 시간이 되었습니다.

어느 날 슈투트가르트 Stuttgart에서 열리는 컨퍼런스에 초대받았는데, 그 시간이 우리에게는 큰 도움이 되었습니다. 컨퍼런스의 주제는 '중앙

아시아 사역의 여러 가지 목표'였습니다. 소련 해체 후 생긴 무슬림 독립국~스탄 나라들들이 당시에는 복음에 대해 열려 있었기 때문에 키르기스, 카자흐Kazakh, 우즈베크Uzbek, 타지크Tajik와 투르크멘Turkmen의 신앙인들이 초청되었으며, 나는 주님 안에서 새로운 친구들을 만날 수 있어서 무척 행복했습니다.

컨퍼런스에서 큰 스크린에 중앙아시아의 지도가 펼쳐졌을 때 나는 굉장히 흥분되었습니다. 이전에도 그 지도를 본 적이 있었던 것 같기 때문입니다. 그 지도에는 중앙아시아의 공화국들과 중국의 무슬림이 있는 북서 지방이 그려져 있었는데, 그 순간 하나님이 나의 어린 시절 마을 밖 들판에 있던 건초더미에서의 시간을 생각나게 하셨습니다. 1980년 당시 하나님이 내게 어떤 일을 하실지 몰랐던 그때 내게 보여주셨던 바로 그 지역들이 지도에 그려져 있었던 것입니다. 그 건초더미 사건 후 12년이 흐른 지금 나는 하나님이 보여주셨던 바로 그 지역에서 온 기독교인들과 함께 대화를 나누며 그들의 간증을 듣고 있었던 것입니다! 눈물이 흘렀습니다. 나는 북받쳐 오르는 감정을 주체할 수 없어서 울고 또 울었습니다.

그리고 키르기스스탄을 방문했던 친구 안드레이Andrei와 마리아 클라센Maria Klasen을 만나게 되었는데, 그들은 우리 가족이 독일에서 지내는 동안 자신들이 우리 대신 나린으로 가겠다고 했습니다. 우리는 그들의 결정에 너무나도 감사했습니다. 또 독일인 빅터 클리펜스타인Victor Klipenstein은 그들과 나린에서 얼마간 함께 생활했습니다. 신학 공부를 하던 중 나린에 있는 우리 동네에 단기선교를 왔었으며, 신학을 마친 후 다시 나린으로 돌아왔습니다. 그는 마음속 깊이 키르기스 사람들을 사랑하는 신실한 사람이었으며, 그의 가족은 이후로 오랫동안 키르기스스탄에서 사역했습니다. 하나님은 친구들의 마음속에 키르기스 사람들을 향한 깊은 사랑을 주셨고, 키르기스 신자들은 제 친구들을 따뜻하게 맞아주었습니다.

키르기스스탄을 떠나올 때 하나님이 내게 하셨던 약속대로 우리 가족은 1년 후 다시 나린으로 돌아올 수 있었습니다. 우리는 형제자매들이 믿음 가운데 더욱 굳건히 서 있는 것을 보면서 하나님께 감사드렸고 새로운 얼굴들을 교회에서 만나게 됨을 감사했습니다. 집을 청년들에게 맡기고 가는 것에 대해 많은 우려를 표했던 이웃 어른은 청년들에 대한 자신의 생각을 바꾸었고 오히려 청년들을 칭찬했습니다. 심지어 경찰관 한 명은 제게 차를 정말 좋은 청년들에게 맡기고 갔다는 말을 했습니다.

"자라야 하는 모든 것은 풀어줘야 한다"는 말이 있습니다. 이 상황에 꼭 들어맞는 말이라고 느꼈습니다. 나린을 떠나면서 제자들을 품에서 떠나보내야 했지만, 이를 통해 그들의 영성이 자라게 된 것입니다. 이후 더 많은 어려움과 사탄의 시험이 교회에 찾아왔지만, 우리는 더욱더 굳건한 공동체로 거듭날 수 있었습니다. 시험을 통해 라캇과 아맛Amat과 캄치Kamchi 그리고 다른 형제들과의 영적인 관계가 더욱 깊어지게 되었고, 이는 참 감사한 일이었습니다.

부모님이 주신 도움

가족 그리고 친구들과의 관계를 절대로 끊지 마라. 그들을 무시해도 될 정도
의 수준으로 당신의 영성이 자라지 못할 것이기 때문이다. 우리의 믿음은 서
로에게 영향을 준다.

－ 마르틴 루터

　나와 아내는 우리의 소중한 부모님들로 인해 늘 하나님께 감사드립
니다. 부모님은 항상 최선을 다해서 우리를 도와주었고, 우리와 키르기
스 신자들을 위해 늘 기도해 주었습니다. 그분들은 정말 든든한 조력자
들이었습니다.

　크라스나야 레치카를 방문할 때마다 어머니와 아버지는 우리를 따뜻
하게 맞아주었고 살뜰하게 보살펴 주었습니다. 다시 나린으로 떠나올
때는 길에 필요한 모든 것을 제공해 주었습니다. 그뿐 아니라 크라스나
야 레치카와 나린 사이를 운행하는 트럭 운전사들에게 부탁해서 우리
에게 필요한 음식과 편지를 보내주기도 했습니다. 가끔 아버지는 격려
의 말과 영감을 주는 문구가 적힌 쪽지를 함께 보내주곤 했는데, 그 쪽

지들을 성경책 사이에 꽂아서 잘 보관했습니다. 아버지는 아버지일 뿐 아니라 내게 꼭 필요한 상담자였습니다.

또 장인 장모님의 도움과 섬김에도 어떻게 감사를 해야 할지 모를 만큼 감사합니다. 독일을 방문할 기회가 있을 때마다 기스브렉트Giesbrecht; 아내의 성가家는 선교사 안식관이 되어 주었고, 우리에게 따뜻한 사랑과 행복을 주는 공간이었습니다. 장인어른은 내게 차를 빌려줄 뿐 아니라 내가 기름도 못 넣게 했습니다. 우리가 머무는 동안 두 분이 부담했을 비용이 얼마나 많았을까 상상하기도 어렵습니다. 하나님이 좋은 것으로 갚아주시기만을 바랍니다.

또 장인어른과 장모님은 나린에서 우리와 함께 살아가는 키르기스 사람들을 위해 필요한 물품들을 보내주기도 했는데, 아이들은 다양한 선물이 들어 있는 크리스마스 선물 박스를 열면서 환호성을 지르고 행복해했습니다. 얼마나 감사한지요!

한번은 우리 가족이 독일로 가기 위해 모스크바를 경유해야만 했습니다. 당시에는 독일 비자를 받으려면 모스크바에 있는 독일 대사관으로 가야 했습니다. 그때 모스크바에 사는 친구의 집에 며칠 머물렀는데, 비자 받는 일이 하루 만에 되지 않기 때문입니다. 비자를 받기 위한 사람들로 대사관에는 줄이 길게 늘어졌습니다. 그런데 크리스마스이브가 얼마 남지 않았을 때라 크리스마스이브부터 대사관이 2주간 업무를 하지 않는다는 사실을 알게 되었습니다.

그런데 휴일이 시작되기 이틀 전까지 우리는 비자 발급을 위한 서류 접수조차 못하고 있었습니다. 비자를 제시간에 받을 수 없겠다는 판단이 섰고 키르기스스탄으로 돌아가야겠다고 생각했습니다. 그리고 그날 저녁 독일에 있는 장인어른에게 전화를 걸어 사정을 설명했습니다.

크리스마스 휴일이 시작되기 하루 전날에는 사람들이 너무 많아서 진입 자체가 불가능해 보였고, 나는 대사관 문밖에 서 있었습니다. 아내와 아이들은 친구의 집에서 하루 종일 기도하며 기다리고 있었습니다. 업무 마감 시간까지 30분이 남아 있을 뿐이었습니다. 그런데 여직원 한 명이 대사관 건물에서 나와 길게 늘어진 줄에서 사람을 찾고 있었는데, 그녀의 입에서 내 이름이 들려왔습니다. 내가 그 사람이라고 하자 직원은 아무런 말도 없이 다짜고짜 나를 데리고 대사관으로 들어갔습니다. 그리고 얼마 지나지 않아 나는 비자를 받고 대사관 문을 나설 수 있었습니다.

어떻게 이런 기적과도 같은 일이 일어났는지 감격하면서 우리 가족은 함께 하나님의 놀라운 도우심에 감사하는 기도를 드렸습니다. 독일에 도착해서 장인 장모님에게 모스크바에서 있었던 일을 이야기했습니다. 그랬더니 장인어른이 그간의 사정을 설명해 주었습니다.

비자를 받기 위한 상황이 상당히 어려웠던 우리의 형편을 알게 된 장모님은 당시 서독 수도인 본에 있는 여러 국가기관에 전화를 걸었습니다. 우리를 돕고자 하는 열정적인 마음으로 장모님은 마침내 독일 외교부 공무원과 통화하게 되었습니다. 마침 장인어른과 장모님은 소련에서 독일로 온 첫 이민자였기 때문에 외교부 장관 한스 디트리히 겐셔 Hans-Dietrich Gensher 와 환영 만찬에서 만난 적이 있었고, 이를 활용해 공무원에게 모스크바에 있는 우리를 도와줄 것을 요청했습니다. 모스크바의 독일 대사관이 크리스마스 휴일로 문을 닫기 직전 여직원이 내 이름을 불렀던 이유는 바로 장모님의 요청 때문이었습니다.

유대인 친구들

내가 복음을 부끄러워하지 아니하노니 이 복음은 모든 믿는 자에게 구원을 주시는 하나님의 능력이 됨이라 먼저는 유대인에게요 그리고 헬라인에게 로다

– 로마서 1장 16절

우리 가족은 독일을 방문할 때마다 늘 모스크바를 경유해서 가야 했고, 비자 문제가 해결될 때까지 모스크바에서 며칠이고 머물러야만 했습니다. 모스크바에 머무는 동안 장인 장모님이 소개해 준 한 유대인 가정에서 함께 지내게 되었는데, 그들은 무척 마음이 따뜻한 사람들이었습니다. 아파트가 매우 작은 크기라 두 가족이 함께 생활하기에는 많이 불편했을 텐데 그들은 전혀 개의치 않았으며, 친밀한 교제를 나눌 수 있다는 것에 즐거워했습니다. 그들은 우리 가족이 입국하거나 출국할 때마다 공항으로 나와 반겨주고 환송해 주어서 마치 가족 같은 친밀함을 느낄 수 있었습니다. 그들은 근면 성실하게 일하고 믿을 만한 사람들이었으며, 한마디로 모범적인 소련 국민이었습니다. 그들은 유대인

이었지만 하나님을 모르는 무신론자들이었습니다.

어느 날 우리가 함께 식사를 할 때였습니다. 식사를 위해 감사 기도를 해도 되느냐고 물었을 때 그들은 충격을 받은 듯했습니다. 내가 주신 음식에 대해 하나님께 감사를 드리자 유대인 가정의 젊은 가장인 키릴Kiril은 주신 빵에 대해 하나님이 아니라 자신에게 감사하는 것이 맞을 것 같다고 농담을 했습니다. 왜냐하면 빵을 사기 위해 그는 긴 줄을 서서 오래 기다려야 했기 때문입니다.

이후 키릴은 자신이 졸업한 대학에 나를 초대해서 학생들에게 하나님에 대해 이야기할 수 있는 기회를 주었습니다. 그리고 내게 성경책을 달라고 부탁하기도 했습니다. 나는 창세기부터 마지막까지 적어도 한 번은 통독하는 것을 조건으로 그에게 성경책을 주었습니다. 헤어질 때 키릴은 흔쾌히 그러겠다고 약속했습니다. 그 후 다시 만나게 되었을 때 키릴은 성경을 읽으면서 중간에 몇 장씩 뛰어넘고 싶을 만큼 어렵거나 잘 이해되지 않는 부분이 있었지만 통독하겠다고 했던 나와의 약속을 생각하면서 성경 전체를 다 읽었다고 이야기했습니다. 그리고 만날 때마다 많은 질문을 던졌습니다. 하나님에 대한 그의 관심이 무럭무럭 자라고 있었던 것입니다.

하루는 독일 친구 피터 페너Peter Penner가 키릴의 가정을 방문했습니다. 키릴과 그의 아내는 자신의 집을 방문한 친구와 함께 그날 저녁 처음으로 하나님께 기도하게 되었습니다. 기도하는 중에 특별한 느낌은 없었다고 말했지만, 나는 키릴 부부가 그날 빛이신 예수님을 향해 첫걸음을 내딛게 되었다는 것을 알고 있습니다.

몇 년 후 키릴의 가족은 독일로 이사를 갔습니다. 어느 날 차에 앉아 갈라디아서를 읽던 키릴에게 하나님은 자신을 나타내셨습니다. 그날 키릴은 차에서 예수님을 영접하고 자신의 인생을 주님께 맡겼습니다.

마침내 키릴과 그의 아내가 하나님과의 언약을 맺는 날, 하나님은 우리에게 키릴의 세례식에 참여할 수 있는 은혜를 베푸셨습니다. 그리고 그날 이후 그들의 인생은 완전히 달라졌습니다. 그들은 매일 유대인들에게 복음을 전파하는 일을 자신들의 사명으로 알고 지금도 성실하게 행하고 있습니다.

키릴이 예수님을 믿고 난 후 그의 가족이 어떻게 한 사람씩 하나님께로 돌아오는지 볼 수 있었던 것은 놀라운 특권이었습니다. 키릴은 그의 어머니 마리아 미하일로브나Maria Mikhailovna에게 다음과 같은 말로 복음을 전했습니다.

"어머니, 이방인들에게는 메시아를 받아들이거나 배척할 자유가 있지만, 우리에게는 선택권이 없어요. 하나님이 우리를 선택하셨기 때문이에요!"

얼마 지나지 않아 하나님은 마리아 미하일로브나의 눈을 뜨게 하셨고, 그녀는 몰라볼 정도로 바뀐 삶을 살게 되었습니다. 키릴은 웃으며 내게 다음과 같이 말했습니다.

"안드레이, 당신은 키르기스 사람들에게 복음을 전하면서 큰 실수를 했어요. 성경을 보면 '먼저는 유대인에게요 그리고 헬라인에게로다'라고 기록되어 있으니까요. 그런데 하나님이 당신을 나린에서 모스크바에 사는 유대인의 가정에 보내신 날, 당신의 실수를 바로잡아 주셨어요."

복음이 퍼져 나가다

보라 형제가 연합하여 동거함이 어찌 그리 선하고 아름다운고 머리에 있는
보배로운 기름이 수염 곧 아론의 수염에 흘러서 그의 옷깃까지 내림 같고

— 시편 133편 1~2절

나는 숨지 않고 예수님을 전한다. 그가 나를 위해 숨지 않고 죽으셨기 때문
이다.

— T. 파운틴T. Fountain

　하나님이 교회로 사람들을 인도하시는 일들을 보고 나는 자주 놀랄
수밖에 없었습니다. 내가 오랫동안 관심을 가지고 빛으로 이끌려고 했
던 사람들은 여전히 어둠 가운데 있는데, 거의 만난 적이 없는 사람들
이 교회로 나오곤 했기 때문입니다.
　공동체 형제들과의 관계는 하나님이 만들어 주신 것이었습니다. 우
리 모두는 너무나 달랐지만, 이러한 차이가 우리가 하나 되는 일에 전
혀 장애가 되지 않았습니다. 우리는 직분으로 서로를 나누지 않았습니

다. 그 누구도 직함이나 직분이 없었습니다. 형제들은 나를 안드레이 바이케라고 불렀고, 나는 그들과 하나가 되기 위해 노력했습니다. 우리 모두가 예수님의 발 앞에 선 제자들이었기 때문입니다. 우리는 회칙이나 정관을 만들지 않았고 의무를 나누는 계획서도 작성하지 않았습니다. 우리는 단순하지만 자연스러우며, 동시에 진실한 관계를 쌓아 나갔습니다. 교회는 정말 살아 있는 유기체 같았습니다.

예수님을 영접한 초기의 형제들 가운데 몇 명을 소개하고 싶습니다. 그들은 요한복음 1장 40~45절에 기록되어 있는 것처럼 예수님께로 나아왔습니다.

"요한의 말을 듣고 예수를 따르는 두 사람 중의 하나는 시몬 베드로의 형제 안드레라 그가 먼저 자기의 형제 시몬을 찾아 말하되 우리가 메시아를 만났다 하고 데리고 예수께로 오니… 이튿날 예수께서 갈릴리로 나가려 하시다가 빌립을 만나 이르시되 나를 따르라 하시니 빌립은 안드레와 베드로와 한 동네 벳새다 사람이라 빌립이 나다나엘을 찾아 이르되 모세가 율법에 기록하였고 여러 선지자가 기록한 그이를 우리가 만났으니 요셉의 아들 나사렛 예수니라"

카림Karim은 학교 선생님이었는데, 그 학교를 다니는 학생들이 카림을 소개해 주어서 그와 만나게 되었습니다. 조금 있다가 카림은 친구인 캄치를 데리고 왔습니다. 캄치는 영적 진리를 간절히 찾고자 하는 청년이었습니다. 그가 우리 집에 처음 왔을 때 문을 열고 들어오는 순간 벽에 걸려 있는 그림을 주목하여 보았습니다. 그 그림은 비슈케크에 사는 친구들이 선물로 준 것이었는데, 그림 밑에는 키르기스어로 "하나님의 아들을 믿는 자에게는 영생이 있다"는 문구가 쓰여 있었습니다. 그런데 이 말씀이 캄치의 마음을 울렸고 그의 뇌리에서 떠나지 않았습니다. 캄치는 그가 오랫동안 갈망해 왔던 진리를 드디어 발견했음을 깨달았습니다.

캄치는 마치 어린아이처럼 순수하게 예수님을 영접했고, 이후 하나님의 사랑을 증거하는 열정적인 전도자가 되었습니다. 그의 아내 아이굴Aigul도 얼마 있지 않아 그리스도께로 나아왔습니다. 예수님은 캄치에게 설교하고 복음을 전하는 은사를 허락하셨습니다. 이 형제를 보고 있으면 사도행전 18장 28절의 아볼로가 떠올랐습니다.

"이는 성경으로써 예수는 그리스도라고 증언하여 공중 앞에서 힘있게 유대인우리에게는 무슬림의 말을 이김이러라"

캄치가 교회에 데려온 사람들 가운데에는 우리가 콜랴Kolya라고 부르는 켈디벡Keldybek이 있었습니다. 또 콜랴는 친구 아만Aman을 주께 인도했습니다. 아만은 오랫동안 하나님과 자신의 인생 목적을 찾고 있었습니다. 그는 어렸을 때부터 어머니에게 하나님과 그분에게 기도하는 방법을 알려달라고 말할 만큼 하나님을 간절하게 구하던 사람이었습니다. 어머니는 그에게 산으로 가서 큰 돌 40개를 뒤집으면 하나님이 그의 기도를 들으실 것이라고 말했습니다. 어머니의 말을 듣자마자 아만은 곧장 산으로 가서 돌을 뒤집기 시작했습니다. 처음에는 작은 돌만 골라서 뒤집었는데 스스로가 한심하게 느껴져서 더 크고 무거운 돌을 힘을 다해 뒤집었다고 했습니다.

아만은 군 복무를 마친 후 어느 날, 사원으로 가서 어떻게 해야 죄를 용서받을 수 있는지 몰도에게 질문했습니다. 질문을 받은 몰도는 아만에게 다양한 종교의식들이 빼곡히 적혀 있는 종이를 주었습니다. 아만은 종이에 적힌 대로 의식만 빠짐없이 행하면 구원을 확실히 받을 수 있는 거냐고 질문했습니다. 그러나 몰도는 구원에 관한 일은 오직 알라 Alla만 아신다고 하면서 자신은 확신할 수 없다고 했습니다. 그러자 아만은 "만일 당신이 직장을 구하고 있는데, 사장이 구직자인 당신에게 직장에 대한 모든 것을 설명하고 나서 월급을 받을 수 있을지 없을지는 확실히 말해 줄 수 없다고 말한다면 당신은 그를 위해 일할 겁니까?"라고 말했습니다. 몰도는 아만의 질문에 기분이 상한 나머지 그를 사원에서 쫓아냈습니다.

그렇게 진리를 찾던 아만을 하나님이 그의 친구를 통해서 만나게 하셨습니다. 아만은 성경의 나다나엘처럼 거짓 없이 순전한 마음으로 예수님을 신뢰하게 되었습니다. 아만은 굉장히 사교적인 사람이었는데, '다리 놓는 사람'은 그에게 꼭 맞는 별명이라고 할 수 있습니다. 그는 사람들을 알아가고 그들과 교제하는 것에 굉장히 열정적인 사람이었습니다. '다리 놓는 자' 아만을 통해서 친구 라캇도 하나님께 나아올 수 있었습니다.

라캇은 독실한 무슬림이었지만 진리에 대해 열린 마음을 갖고 있었고 스스로의 모습을 겸손하게 성찰할 수 있는 사람이었습니다. 라캇은 반박하는 질문들을 많이 했지만, 얼마 지나지 않아 그와 함께 성경을 읽을 수 있었습니다. 그가 예수님을 영접했을 때 하나님이 그에게 무슬림을 섬기는 데 꼭 필요한 은사들을 주셨음을 볼 수 있었습니다. 그가 얼마나 말을 지혜롭게 하는지, 그가 말하면 몰도들이 꼼짝을 못하는 것이었습니다. 라캇은 몰도들을 깊이 고민하게 만들 수 있는 사람이었습니다. 또 하나님은 라캇에게 관계를 잘 맺고 화평케 하는 은사를 주셔서 지역 공무원들과 이맘imām; 이슬람 교단의 지도자들 사이에 갈등이 있을 때마다 그 갈등을 잘 해결해 주었습니다.

독일에 있는 동안 나린의 형제자매들이 박해를 받고 있다는 소식이 들려올 때마다 늘 라캇에게 전화를 했습니다. 라캇은 그럴 때마다 내게 "이곳에서 지금 일어나는 일들은 전화로 얘기할 만한 일들이 아닙니다. 사도행전의 몇 장 몇 절을 보세요. 그곳에 우리의 상황이 나와 있습니다"라고 말했습니다.

또 라캇은 아클Akyl을 교회로 전도했습니다. 아클에 대한 이야기는 뒤에서 자세히 하겠습니다. 아클은 이사Isa와 탈라이굴Taalay-gul 커플을 교회로 데려왔는데, 이들은 훗날 키르기스스탄의 남부에 위치한 시골 마을인 톡토굴Toktogul로 선교 사역을 위해 떠나게 됩니다.

처음에는 하나님이 그들을 어디로 보내실지 알 수 없었습니다. 그러나 한 가지는 명확했는데 그들이 가야 할 곳이 키르기스스탄 남쪽이라는 것이었습니다. 그들은 "내가 네게 보여줄 땅으로 가라"는 약속의 말씀만 붙들고 갈 바를 알지 못한 채 길을 떠났던 아브라함처럼 정확한 목적지 없이 남쪽을 향해 길을 떠났습니다. 그런데 수백 킬로를 이동하던 중 자동차가 고장 난 것입니다. '나귀'가 더 이상 나아가지 않는다면 그곳에 멈춰서야 한다는 생각을 하면서 이사 부부는 그곳에 정착했습니다. 그곳이 바로 톡토굴이었습니다. 이사와 탈라이굴의 헌신으로 오늘날에도 톡토굴에는 주님의 교회가 굳건하게 서 있습니다.

아이벡^{Aibek}이라는 형제와의 만남은 기적 그 자체였습니다. 나린에서의 사역을 시작한 첫해에 우연히 이웃과 함께 그의 형을 만나기 위해서 어떤 마을로 내려갔습니다. 그때 나는 키르기스어로 번역된 요한복음을 가지고 갔는데, 마을을 떠나기 직전에 한 꼬마 아이가 앉아 있는 것을 보게 되었습니다. 그 아이의 표정이 무척 슬퍼 보였다는 사실을 지금도 기억하고 있는데, 성령님이 그 아이에게 복음을 전하고 싶은 마음을 주셨습니다. 그래서 요한복음을 아이에게 전해 주었는데, 그 성경을 받은 아이는 기쁜 얼굴로 일어나 집으로 돌아갔습니다.

몇 년 후 그 어린아이가 아이벡이었다는 사실을 알게 되었습니다. 그는 나중에 나와의 첫 만남에 대해 이야기해 주었습니다. 당시 나이는 어렸지만 아이벡은 삶의 목적에 대해 고민하고 있었다고 했습니다. 그는 자신보다 나이 많은 사람들에게 왜 하나님을 볼 수 없는지 묻기도 했습니다. 사람들은 그에게 죽은 후에 하나님 앞에 서게 된다고 말해 주었고, 그때 영원한 평화를 얻게 된다고 말하기도 했습니다. 하지만 그 말들은 어린 아이벡의 마음에 큰 충격으로 다가왔고, 그때부터 아이벡은 자주 죽음에 대해 생각하기 시작했다고 합니다.

아이벡의 아버지는 술을 자주 마셨는데, 술을 마시면 어김없이 아내와 자녀들을 때리곤 했습니다. 아이벡의 집은 굉장히 가난했고, 어머니는 삶의 무게와 짐이 너무나 무겁고 고통스러워서 자주 눈물을 흘릴 수밖에 없었습니다. 그런 분위기에서 아이벡은 스스로 목숨을 끊으려는 시도까지 했다고 합니다. 그런데 아이벡이 밧줄을 들고 축사에 들어가는 모습을 본 어머니가 직감적으로 뭔가를 느끼고 서둘러 아이벡을 쫓아가 비극을 막을 수 있었습니다.

이후 아이벡은 오랫동안 집 밖으로 나가지 못했습니다. 그런데 하나님이 그렇게 고민하고 방황하던 아이벡에게 요한복음을 가지고 방문하게 하셨던 것입니다. 아이벡은 그 후 하나님의 말씀을 읽기 시작했는데, 그의 어머니는 아이벡의 성경을 상자에 숨겨 놓으셨습니다. 왜냐하면 거룩한 책은 읽는 것이 아니라 부적처럼 귀하게 보관해야 한다고 생각했기 때문입니다.

시간이 흘러 장성한 아이벡은 군 복무를 하게 되었는데, 영적 진리에 대한 그의 관심은 시간이 갈수록 커져만 갔습니다. 군 복무를 마친 후에는 무속 신앙에 빠져서 공동묘지에서 영적 세계의 영들과 교감을 시도하기도 했습니다. 그런 그에게 사탄은 계속해서 자살하고 싶은 충동을 부채질하여 그를 죽이려고 했습니다.

아이벡은 이후 무속 신앙의 주술로 환자들을 치료하는 사람이 되었는데, 하루는 장애가 있는 소년을 치료해 달라는 요청을 받았습니다. 그런데 소년의 집에서 식탁 위에 올려져 있는 책을 보게 되었고 그 책을 보면서 벌벌 떨었다고 했습니다. 우리가 그 아이에게 휠체어를 주면서 함께 가져다준 성경책이었습니다. 아이벡은 책을 가져가도 되냐고 물어보면서 책을 전해 준 사람이 누구인지 물었습니다.

그러던 어느 겨울밤 아이벡은 우리 집 대문을 두드렸습니다. 들어오라는 말에도 마음속에 일어나는 내적 갈등 때문에 선뜻 들어오지 못하던 아이벡이 결국 대문을 열고 집으로 들어왔습니다. 당시 우리 가족은 나린을 떠나 있을 때라 마리아 클라센이 대신 그를 따뜻하게 환영해 주었습니다.

그날 밤 아이벡은 안드레이와 아만 그리고 다른 신자들을 만나게 되었고, 하나님을 찾아 헤맸던 자신의 이야기를 들려주었습니다. 마침내 아이벡은 자신이 그토록 찾아 헤매었던 예수님을 만나게 되었고, 예수님을 만나자마자 자신이 지니고 있던 모든 주술 책들을 불태웠습니다.

며칠 후 아이벡은 예수님을 영접하게 되었습니다. 하나님을 찾기 위해 오랜 시간 헤맸던 그를 하나님이 직접 찾아오신 것입니다! 그날 이후로 아이벡은 열정적으로 예수님을 전했습니다. 하나님은 그에게 사람들을 격려하고 죄악에 중독된 사람들을 자유케 하는 능력을 주셨습니다. 이후 그와 그의 아내는 중국 북서부에서 무슬림을 대상으로 선교 사역을 감당하게 됩니다.

눈밭에 흩뿌린 피

사탄은 아직 사랑에 대항할 병기를 만들지 못했다. 사랑이야말로 세상을 주
께로 인도할 열쇠이다.

− R. A. 베이어^{R. A. Bayer}

믿음의 가족들이 점점 늘어나면서 예배를 위한 공간을 건축해야 할
시간이 도래했습니다. 당시 주어진 환경을 고려할 때 신자들의 집에서
돌아가면서 예배하는 것이 더 쉽고 좋은 선택일 수 있다는 점에 대해서
는 생각해 보지 못했습니다. 만약 집집마다 돌아가면서 예배를 드린다
면 성도의 친척과 이웃들도 자연스럽게 편한 분위기에서 복음을 들어
볼 기회를 얻을 수 있기 때문입니다. 하지만 그 당시 대부분 신자들은
젊은 청년들이었기 때문에 믿지 않는 부모님들이 집에 계신 상황에서
집집마다 돌아가면서 예배하는 것은 불가능한 일이라고 생각했던 것
같습니다.

추이 지역의 친구들과 지역 교회들이 재정적인 도움을 주어서 주택
을 하나 매입하고 예배를 위한 공간으로 손을 보게 되었습니다. 그런데

교회 건물이 생긴 것에 대해서 지역 이맘들이 매우 싫어했고, 그로 인하여 그들과의 관계 단절을 불러오게 되었습니다. 이웃들과는 좋은 관계를 유지해 오고 있었지만, 이맘들이 우리에 대해 좋지 않은 소문을 퍼트리기 시작하면서부터 사람들이 우리에게 등을 돌리기 시작한 것입니다. 사람들은 교회 건물에서 예배를 드리는 청년들 한 사람 한 사람을 봐 두었다가 그들의 부모님을 공개적으로 비난했습니다. 자녀들이 교회를 다니기 시작한 이후로 긍정적이고 좋은 방향으로 변화되는 모습을 보아왔던 부모들이지만, 주변 이웃과 이맘의 눈치를 보지 않을 수 없는 것이 나린의 현실이었습니다. 부모들은 결국 자녀들이 더 이상 교회를 가지 못하도록 막을 수밖에 없었습니다.

키르기스 사람들은 자녀들이 그들의 신앙을 저버리는 것은 부모가 허용했기 때문에 가능한 일이라고 생각했고, 결국 온 가족을 신앙의 변절자로 판단했습니다. 이 때문에 믿는 형제들이 가장 견디기 힘든 박해는 주로 가정 내에서 이루어졌습니다. 그래서 새로운 사람이 교회를 찾아오면 나는 먼저 가족관계와 직장에 대해 물어보았습니다. 부모와의 관계를 빨리 잘 맺어서 그들의 자녀를 보호해야겠다고 생각했기 때문입니다. 이런 일을 통해 새신자들이 좀 더 편하게 신앙생활을 할 수 있게 되었습니다.

어느 날 저녁이었습니다. 몇몇 친구들과 함께 한 형제를 만나러 시골마을로 갔습니다. 형제의 집이 가까워지자 걸음을 재촉하고 있었는데 그 집에서 술에 취해 고래고래 고함치는 소리가 들려왔습니다. 그 형제의 아버지였습니다. 나는 그 아버지와의 만남이 쉽지 않겠다는 것을 직감하면서 하나님께 얼른 기도했습니다.

'하나님, 저 집에 들어가서 곧바로 쫓겨나지 않도록 지혜를 주세요.'

마침 그 집에 도착했을 때 마당에 놓여 있는 짐수레를 보았는데, 짐수레의 바퀴가 터져 있었습니다. 시골 마을에서는 바퀴를 수리할 방법이 없겠다고 생각한 나는 차에 늘 가지고 다니던 예비 타이어 튜브를 꺼내 들고 집으로 들어갔습니다.

술에 잔뜩 취한 형제의 아버지는 갑작스러운 러시아인의 등장에 놀란 듯했지만, 이내 내 손에 들린 예비 타이어 튜브를 보더니 내게 달려와서 나를 끌어안고 입을 맞추었습니다. 형제의 어머니는 차를 내어왔고 온 가족이 식탁에 둘러앉아서 교제를 나누게 되었습니다.

그날 저녁의 만남은 생각했던 것 이상으로 행복한 만남이 되었습니

으슥아타(Ysyk-Ata)의 겨울 풍경. ⓒ 박군서

다. 그런데 형제의 집을 나서서 돌아오는 길에 말을 타고 술에 취한 몇몇 키르기스인들이 우리를 향해 소리 지르는 것을 들었습니다. 알고 보니 그들은 우리가 그 집에 온다는 소식을 미리 듣고 이교도들을 채찍질하기 위해서 몰려온 것이었습니다. 그런데 형제의 아버지가 자신의 채찍을 가져와서 그들에게 휘두르기 시작하자, 감히 연장자에게 대들 수 없어서 말을 타고 도망갔습니다. 그 아버지의 도움으로 우리는 평안히 돌아올 수 있었습니다.

또 감옥에서 복역한 적이 있는 악명 높은 전과자가 있었습니다. 몰도들은 그 사람을 의도적으로 우리에게 보내서 괴롭히게 했습니다. 그 사람은 우리 교회의 여성들을 희롱하고 형제들을 때렸습니다. 어느 한 겨울밤 누군가가 교회 건물을 부수고 있다는 소식을 들었습니다. 서둘러 교회로 갔는데 소복이 쌓인 하얀 눈을 빨갛게 물들이고 있는 피를 발견했습니다. 누군가 목숨을 잃었을까 하는 두려운 생각이 들었습니다. 내가 도착했을 때는 이미 교회에 침입한 사람들이 모두 도망간 후였기 때문입니다. 그런데 교회당 안으로 들어가자 피투성이가 된 형제 두 사람이 보였습니다. 다행히 목숨에는 지장이 없었습니다. 다른 형제들이 이어서 도착했고, 그들과 함께 다친 형제들을 병원에 데려갔습니다.

우리 형제들을 때린 사람이 전과자와 그의 친구들이라는 사실을 알게 된 나는 그의 친척들을 만나러 갔습니다. 친척들에게 하소연하는 것만이 그 전과자가 교회를 공격하는 것을 그만두게 할 유일한 방법이라고 생각했습니다. 경찰조차 모두 이맘들의 편에 서 있었기 때문입니다.

전과자의 친척들은 대신 사과하면서 다시는 나쁜 짓을 못하도록 하겠다고 약속했습니다.

우리는 그 불쌍한 사람을 위해 기도했지만, 그는 교회를 괴롭히는 악행을 멈추지 않았습니다. 하루는 그의 친구들을 통해 교회 건물에 불을 질러 버리겠다는 협박을 듣게 되었습니다. 심지어 그는 불 지르는 날짜를 정했다고 우리를 협박했습니다. 우리는 교회를 지키기로 결정했지만 싸움은 피하게 해달라고 기도했습니다.

그런데 불을 지르겠다고 했던 하루 전날, 그 전과자는 경찰관과 시비가 붙어 싸우게 되었는데, 그 결과 비극적인 일이 일어나고 말았습니다. 경찰과 싸운 후 집으로 돌아간 그는 엄청난 통증을 호소하다가 바닥에 쓰러져 그대로 죽은 것입니다. 그의 소식을 들은 친척들은 두려워서 떨었습니다. 그들은 죽은 그 사람이 그리스도인들의 하나님께 심판을 받았다고 했습니다. 이 사건 이후로 교회에 대한 핍박이 잠시나마 사라지게 되었습니다.

무슬림들의 협박

우리는 암이나 사고 또는 잔인한 무슬림들의 총알에 죽지 않을 것이다. 우리는 우리 자신을 모두 드린 하나님의 뜻에 죽고 살기 때문이다.

- 안드레이 피터스

나린주의 아킴akim; 지역 정부의 주지사은 독일인 전기 기사에 대한 소문을 듣고 나를 불러 일거리를 맡겼습니다. 나는 그를 도와 일하면서 서로 알아갈 수 있었고 이후에도 때때로 만남을 이어갔습니다. 주지사는 나를 존중해 주었으며, 크리스마스에는 카드를 보내오기도 했습니다. 반대로 나는 쿠르반 아이트Kurban Ait; 희생절이라고 하며, 라마단이 끝나고 70일째 날인 이슬람 명절를 잘 보내라는 인사말을 건네곤 했습니다.

그러던 어느 날 주지사는 나를 사무실로 초대해서 나를 걱정하며 이야기를 들려주었습니다. 타지키스탄에서 무슬림 광신도들이 이 마을로 들어왔으며, 기독교인들이 조심해야 한다고 일러주었습니다. 90년대 초에는 소련의 사상이 다양한 종교와 신앙으로 대체되고 있었으며, 그 가운데에는 이슬람 극단주의도 있었습니다.

타지키스탄에서 온 이슬람 극단주의자들에 대한 소문은 이미 들은 적이 있었는데, 타지키스탄에서 내전이 일어날 것 같은 조짐이 일자 많은 수가 키르기스스탄으로 넘어온 것입니다. 주지사는 극단주의자들이 찾아와서 나와 키르기스의 기독교인들을 모두 죽일 것이라는 말을 했다고 내게 알려주었습니다. 또 기독교인들이 사는 곳을 다 안다고 하면서 주지사가 직접 필요한 조치들을 취하지 않는다면 본인들이 나서서 모두 파괴해 버릴 것이라고 협박을 했다고 했습니다.

주지사는 교회에서 모이는 것을 멈출 뿐 아니라 안전을 보장해줄 수 없으니 가족을 데리고 마을을 떠나 달라고 부탁했습니다. 내가 왜 이런 사람들을 체포하지 않느냐고 묻자 주지사는 자신도 그들이 두렵다고 대답했습니다.

주지사의 사무실을 나와서 집으로 돌아오면서 시험과 핍박의 시간이 다가온 것을 느꼈습니다. 마음속에는 하나님을 향한 믿음이 있었지만 그럼에도 가족들이 걱정되는 것은 사실이었습니다. 그래서 하나님께 기도했습니다. 그리고 집에 돌아오는 길에 하나님이 내 마음속에 말씀하셨습니다.

"누가 너를 나린으로 보냈느냐?"

나는 대답했습니다.

"주님, 당신이십니다."

그러자 하나님이 이렇게 말씀하셨습니다.

"그렇다면 너를 나린에서 불러낼 수 있는 사람은 너를 나린으로 보낸 내가 아니냐? 다른 어떤 사람도 너를 나린에서 불러낼 수 없다!"

그 강력한 말씀은 내게 엄청난 힘이 되었습니다. 집에 돌아와서 이 소식을 이리나와 나눴습니다. 나의 말을 들은 이리나는 요한복음 10장 11~12절을 제게 읽어주는 것으로 대답을 대신했습니다.

"나는 선한 목자라 선한 목자는 양들을 위하여 목숨을 버리거니와 삯 꾼은 목자가 아니요 양도 제 양이 아니라 이리가 오는 것을 보면 양을 버리고 달아나나니 이리가 양을 물어 가고 또 헤치느니라"

이리나는 이런 때일수록 우리에게 맡겨진 양떼에게 우리가 더욱 필 요하다고 말했습니다. 이 말씀을 함께 읽은 후 우리 부부의 가슴은 기 쁨으로 가득 찼고, 하나님께 다시 한 번 우리의 안전을 맡기고 올려드 렸습니다.

그러나 우리의 반응과 상관없이 교회가 이런 소식에 어떤 반응을 보 일지 걱정되었습니다. 독일에서 온 친구 선교사 게나Gena와 아냐 렘펠 Anya Rempel이 교회에서 머무르고 있었기 때문에 더욱 걱정이었습니다. 이 친구들은 키르기스 사람들에게 활짝 열린 그들의 마음처럼 집 문을 열어놓고 생활하면서 아침부터 저녁까지 키르기스 사람들과 교제를 나 눴는데, 개인적인 시간 없이 어떻게 저렇게까지 생활할 수 있는지 참 신기했습니다. 게나는 간혹 다른 마을로 떠나기도 했지만, 아냐는 늘 넘 쳐나는 손님들과 함께 기쁨으로 교제를 나누었습니다. 이러한 삶은 그 들의 아들 데니스Denis가 태어난 이후에도 동일했습니다. 그랬던 그들 에게 시련이 다가오고 있었던 것입니다.

이런 핍박의 소식을 들은 후에도 교회에 남겠다는 그들의 말이 정말 기쁘고 큰 힘이 되었습니다. 자녀들의 안전을 걱정한 한 자매를 제외하고는 우리 교회 사람들은 믿음 위에 서서 다가오는 위협과 시련을 두려워하지 않았습니다.

그런데 얼마 지나지 않아서 교회에 경찰관이 찾아왔습니다. 그는 이슬람 극단주의자들의 위험에 대해 알리면서 모임을 멈출 것을 권고했습니다. 교회 내에서도 우리 가족에게 잠시 몸을 피하는 것이 좋지 않겠냐고 권하는 사람들이 있었지만 우리는 교회에 남아 있기로 결정했고 교회의 모임도 계속되었습니다. 핍박과 어려움 중에서도 하나님을 믿는 믿음으로 흔들리지 않게 하셨던 주님을 찬양합니다.

가끔 밤에 누군가 대문을 두드리면 이슬람 극단주의자들이 아닐까 긴장하면서 문밖을 확인하곤 했습니다. 그런데 감사하게도 밤에 찾아오는 사람들은 음식을 나눠달라고 부탁하는 술 취한 사람들밖에 없었습니다. 밤낮을 가리지 않고 찾아오는 사람들 때문에 다소 힘이 들긴 했지만 말입니다.

몇 개월 후 타지키스탄 내전이 발발했고, 극단주의자들은 키르기스스탄에서 추방되었습니다. 그들 중 상당수가 아프가니스탄으로 도망쳤고 나린에서는 이슬람 극단주의자들이 자취를 감추게 되었습니다.

하나님의 역사하심으로 인하여 나린 주 곳곳으로 복음이 퍼져 나가고 있었습니다. 물론 대부분 지역에서 몰도들의 핍박을 받았습니다. 거기에다 소련의 해체 이후에는 튀르키예구 터키와 다른 아랍 국가들에서 이슬람 선교사들이 들어오기 시작했습니다. 그들은 활발하게 활동하면서 이슬람 사원을 지을 수 있도록 전국적으로 자금을 지원했습니다.

한 번은 나린 교회의 두 형제가 나린으로부터 40킬로 떨어진 앗바시 At-Bashy에 있는 형제들을 만나러 갔습니다. 그런데 버스정류장에서 무슬림들에 의해서 사원으로 끌려가는 일이 일어났습니다. 그 지역의 몰도는 기독교에 대해 적대적인 전형적인 이슬람 지도자였습니다. 많은 사람들이 그들 주위로 모여들었고 상황은 점점 심각해졌습니다. 형제 두 명은 사람들이 둘러선 가운데에서 바닥에 내동댕이쳐졌고, 화가 난 무슬림은 칼을 꺼내 들고 "희생 제물로 바칩시다!"라고 외쳤습니다.

몰도는 모스크 안에서 살인이 일어나면 책임져야 하는 게 두려웠기 때문에 흥분한 군중을 진정시키면서 두 형제에게 예수를 포기하라고 말했습니다. 그러면서 조용히 경찰을 불렀는데, 경찰이 도착한 이후 그들이 나린 출신이라는 것을 알자 두 형제를 풀어주면서 다시는 앗바시로 오지 말라고 경고했습니다.

다음 날 아침에 두 형제는 무사히 집에 도착했고, 교회에서 어떤 일이 있었는지 나누었습니다. 형제들의 간증을 들은 성도들은 다 함께 앗바시 마을 사람들을 위해 기도했습니다. 그리고 며칠 후 그 형제들이 다시 앗바시 마을로 갔는데, 이번에는 화난 군중들에게 매질을 당하지 않았습니다.

알코올 중독자와 관련된 다른 일도 있었습니다. 우리 집 바로 앞에는 일반 병원과 산부인과 병원이 있었는데, 병원 근처에는 술 취한 사람들이 많았습니다. 아이가 태어난 기쁨 때문에, 또는 아이의 태어남을 기념하기 위해서 등등 술을 마셔야 할 이유는 참 많았습니다. 술에 취한 사람들은 시비가 붙거나 이로 인해 싸우는 경우가 많았는데, 그럴 때면 돌이 날아다니고 고성이 오가는 상황이 벌어지기도 했습니다. 가끔 돌이 날아와서 우리 집 창문이 깨지기도 했습니다. 집에서 가장 따뜻한 방에 아이들을 재웠는데, 그 방은 도로변으로 창이 나 있었고 잠을 자다가 창문 깨지는 소리가 들려 급히 아이들 방으로 달려갔던 적이 여러 번이었습니다. 하지만 그런 때에라도 창문을 깨고 들어온 돌이 우리 아이들을 상하게 하지는 못했습니다. 하나님이 아이들을 보호하셨기 때문입니다. 우리는 그런 일이 있으면 베개로 창문을 막고 아무도 다치지 않은 것에 대해 하나님께 감사한 후 다시 잠을 청하곤 했습니다.

우리는 하나님의 보호하심을 자주 경험할 수 있었는데, 밤에 술 취한 사람들 사이로 걸어가야 할 때도 하나님이 우리를 지켜 주셨습니다.

약속하신 일들이 이루어지다

좋은 포도주를 만들기 위해 예수님께 물이면 충분합니다. 최선을 다하고 그 일을 맡기신 분께 결과를 맡기세요.

－ 야코프 레벤의 『씨 부리기』 중에서

1995년 키르기스스탄의 수도 비슈케크에서는 청년들과 학생들 사이에서 복음이 점점 퍼지고 있었습니다. 다른 지역에서 수도 비슈케크로 유학 온 청년들 가운데 예수님을 영접한 이들은 자신의 공부보다 잃어버린 양을 구하는 데 관심이 더 많은 것처럼 보일 만큼 전도에 열심이었습니다. 봄비가 온 후 버섯이 퍼지는 것처럼 성경 공부 모임이 기숙사에서 급속도로 확장되고 있었습니다.

기독교인 학생들은 하루하루를 정말 열심히 살았습니다. 아침에는 수업을 받으면서 함께 수업을 받는 친구들에게 복음을 전하고 반 친구들을 교회로 초대했습니다. 수업이 끝나면 기숙사로 돌아가서 차를 준비하고 기타를 치면서 몰려드는 사람들과 교제를 나누었습니다. 이런 일상적인 모임과 만남은 밤늦게까지 이어졌습니다. 그해 여름 비슈케크에서는 200명 이상의 키르기스 청년들이 세례를 받게 되었습니다.

　수도에 있는 키르기스 교회들과 이후 다른 지역의 교회들은 카이르벡Kairbek, 투류벡Turyubek, 캄치와 누르산Nursan과 다른 청년들의 도움으로 성장할 수 있었습니다. 그 시기 흥미로운 점은 시골에서 수도로 올라온 청년들을 통해서 복음이 확산되어 나갔다는 것입니다. 어느 날 친구들의 초대로 비슈케크에서 청년들의 모임에 참석하고 있었습니다. 그런데 9층짜리 기숙사 건물에서 찬양 소리가 들리는 것이었습니다. 내게는 그 일이 굉장히 놀라웠습니다. 청년 모임은 각 층에 있는 청년들의 방에서 이루어졌는데, 외부인은 기숙사에 출입할 수 없었지만, "나는 세례를 받았습니다"라는 말은 모든 곳에 갈 수 있는 프리패스 여권과 같았습니다. 믿는 청년들에 대한 평판이 매우 좋았기 때문에 가능한 일이었습니다.

　비슈케크를 방문한 기간에 중앙침례교회라는 한 키르기스 교회의 예배에 참석했습니다. 예배가 끝난 후 나는 교회 지도자들에게 15년 전 하나님이 내게 주신 약속을 이야기하면서 그들의 협력을 구했고, 그들은 나의 요청을 흔쾌히 받아들였습니다.

　모임을 마친 후 고향인 크라스나야 레치카로 가서 오래전 하나님의 음성을 들었던 장소이자 짚단이 쌓여 있던 들판으로 나갔습니다. 오래전 그곳에서 키르기스의 신자들과 함께 돌아와서 제단을 쌓고 찬양할 것을 하나님께 약속했었습니다. 그곳에서 우리는 함께 하나님의 신실하심을 찬양했습니다.

키르기스 민족의 복음화는 나의 계획이나 나의 소망으로 시작된 일이 아니었습니다. 하나님이 시작하신 일이었습니다. 하나님은 당신의 계획을 내게 보여주셨고 그 계획을 이루는 일에 나를 사용해 주셨지만, 이 모든 계획은 내가 없었어도 반드시 이루어질 하나님의 계획이었습니다. 만약 내가 하나님의 부르심에 순종하지 않았더라면 하나님은 내가 아닌 다른 사람을 쓰셨을 것입니다. 하나님의 계획은 늘 이루어지기 때문입니다.

형제들에게 작별 인사를 하면서 그들에게 이렇게 말했습니다.

"하나님은 이 민족의 첫 증인으로 여러분을 부르셨습니다. 그분은 여러분을 세우셨고, 당신의 말씀을 전하기를 원하십니다. 만약 여러분이 어떠한 이유로 이 부르심에 응답하지 않을지라도 하나님의 일은 계속 이어질 것입니다. 하나님이 친히 주장하실 것이기 때문입니다. 하나님은 이 일을 시작하셨으며, 모든 책임을 지십니다."

그 들판을 다시 들러 하나님께 찬양한 날은 내 인생에서 잊을 수 없는 날이었습니다. 그날 다시 한 번 욥기를 통해 주시는 하나님의 말씀을 들었습니다.

"주께서는 못 하실 일이 없사오며 무슨 계획이든지 못 이루실 것이 없는 줄 아오니"욥기 42장 2절

하나님은 먼저 보이지 않는 것부터 주시고 나중에 보이는 것을 주십니다. 우리의 믿음은 보이지 않는 하나님의 약속이나 목적 위에 서야 하지만, 이후 하나님은 그 약속을 우리의 삶 가운데 이루어 가시기 때문입니다.

필연적인 어려움

그리스도 안에서 일만 스승이 있으되 아버지는 많지 아니하니 그리스도 예
수 안에서 내가 복음으로써 너희를 낳았음이라

- 고린도전서 4장 15절

믿는 학생들이 학업을 마치고 고향으로 돌아간 후 시간이 흘러서 예
수님을 믿는 새로운 그룹들이 생기기 시작했습니다. 하나님의 말씀이
키르기스스탄 전역으로 뻗어 나가고 있었습니다. 키르기스 교회들은
수가 늘어났을 뿐만 아니라 점점 성숙해 갔고, 하나님의 말씀과 진리를
더 깊이 알아가게 되었습니다. 곳곳에 성경 학교들이 세워졌고 워크숍
이 열렸습니다. 미국과 한국 그리고 유럽 각지에서 온 선교사들의 헌신
으로 이런 놀라운 일들이 일어났습니다.

우리는 키르기스 성도들에게 예수의 몸 된 교회에는 다양한 사람들
이 있을 수밖에 없다는 점을 항상 명심하게 했습니다. 각자의 생각이
다르고 문화가 다르며 교파가 다를 수 있다고 강조했습니다. 외국에서
온 선교사들로부터 많은 새로운 것을 배울 수 있지만, 다만 키르기스인

으로서의 정체성을 지켜야 한다고 늘 강조했습니다. 또 예수 그리스도를 따르는 제자로 살아가야 하는 것이야말로 가장 중요한 것임을 잊지 말라고 했습니다.

그런데 시간이 지나면서 그리스도보다는 종교 자체와 교리에 집중하는 사람들이 생기기 시작했습니다. 종교와 교리를 가르치는 방법으로 복음을 전하면 사람들은 복음으로부터 밀려 나가기 쉽습니다. 생명의 주님은 선한 목자이십니다. 그분에게는 오직 한 무리의 양떼만 있을 뿐입니다. 교파의 통합을 주장하는 것은 아니지만, 성령님 안에서 하나 되어 평화를 누려야 한다고 생각합니다.

교회가 성장하고 자랄수록 새로운 문제들이 생겨나는 것은 어쩌면 당연한 일일 수 있습니다. 그러나 불행히도 키르기스 교회는 초창기부터 권력욕과 율법주의 등 다양한 이유로 교파가 갈라지는 등 많은 어려움을 겪어야 했습니다. 문제는 양들이 아니라 목자에게 있었습니다. 목자들의 행동이 양을 갈라놓았습니다. 사도 바울의 말처럼 "육신에 속한" 마음들로 인해 분열이 일어났던 것입니다 고린도전서 3장 3~4절.

처음에는 교회를 향한 박해와 핍박이 무슬림 등 교회 밖에서부터 왔는데, 시간이 지나면 지날수록 한 교회가 다른 교회를 억압하는 등 '내부적'인 문제가 생기기 시작했습니다. 그리고 이러한 문제는 주로 문화적이거나 교파의 차이에서 비롯되었습니다.

우리도 처음에는 복음의 말씀에서 독일과 러시아 문화를 떼어 내는 것이 힘들었지만, 나중에는 민족을 뛰어넘어 복음이 모든 문화에 접목될 수 있다는 사실을 이해하게 되었습니다. 또 사도 바울을 통해서 유대인에게는 유대인처럼, 키르기스 사람들로부터 키르기스인이 되는 방법을 배울 수 있었습니다.

그러나 모든 기독교인이 예수 안에서 하나 된 형제들의 문화를 존중할 준비가 되어 있는 건 아니었습니다. 키르기스스탄의 많은 도시에서 초창기 키르기스 신자들은 러시아 개신교 교회를 출석했는데, 문화적 차이로 인한 충돌은 필연적인 일이었습니다.

키르기스 성도의 수가 기존의 러시아인들의 수보다 많아지자 교회 건물은 점점 차를 나누고 교제를 나누고 하루를 묵어갈 수 있는 곳이 되어갔습니다. 시골 마을에서 많은 사람들이 교회를 방문하기 시작했기 때문이었습니다. 그런데 도시 교회의 기존 성도들은 이러한 변화를 받아들일 준비가 되어 있지 않았습니다. 교회를 거룩한 곳으로만 생각했기 때문에 교회에서 키르기스인들이 하루를 묵어가는 상황을 용납하기 어려웠습니다.

할례와 장례 절차뿐 아니라 발효한 음료이기 때문에 소량의 알코올이 함유된 전통 음료 크므즈를 마시는 문제 등에도 의견 충돌이 있었습니다. 기존 성도들은 예배 시 복장과 장신구 등 키르기스 사람들이 이해할 수 없는 여러 가지를 지킬 것을 요구했습니다. 많은 키르기스인들이 이 교회들에서 세례를 받았기 때문에 기존 신자들과의 갈등을 반드시 해결해야만 했습니다.

하루는 키르기스 형제들과 함께 러시아어 예배를 드리는 교회의 지도자들과 만나 사도행전 15장에 기록된 것처럼 의회를 만들려고 했습니다. 그런데 키르기스인들을 위해 그 어떤 양보도 하지 않으려는 교회

지도자들로 인해 이견이 좁혀지지 않았습니다.

키르기스인들은 점점 기존 교회를 떠나기 시작했고, 이는 교회의 분열로 이어지기도 했습니다. 물론 이후에 많은 키르기스 교회들이 자립하게 됨으로써 이러한 문제들이 해결되기도 했습니다. 우리는 무슬림이었다가 주께 돌아온 1세대 키르기스 성도들의 삶이 더 복잡해지지 않도록 힘써야 할 때라는 것을 알았습니다. 그들의 어깨에 너무 심한 부담을 지우는 것도 맞지 않지만, 동시에 그들에게 수백 년간 내려온 전통과 관습 등을 포기하라고 강요하는 것도 옳지 않다고 생각했기 때문입니다.

키르기스의 장례 절차는 무속 신앙과 많은 관련이 있기 때문에 우리는 하나님께 지혜를 구해야 했습니다. 예를 들면, 조문객들에게 대접하는 고기는 우선 망자의 혼을 위로한 이후 손님들에게 대접했습니다. 믿는 사람들은 기도로 고기를 하나님께 올려드리는 방법으로 장례식에 참여할 수 있었습니다.

아시아 문화권에서 장례식은 굉장히 큰 의미를 갖기 때문에 가족이나 친지의 장례식에 참석하는 것은 당연한 의무입니다. 직장에 하루 출근하지 않아도 다음 날 장례식장에 다녀왔다고 하면 그 어떠한 추궁도 당하지 않을 정도로 이곳의 장례식이 갖는 의미와 비중은 매우 큽니다.

우리는 또한 재혼의 문제에 대해서도 고민해야 했습니다. 굉장히 나이 어린 아내가 폭력을 일삼는 난폭한 남편을 피해 아이와 함께 도망치거나 남편에게 쫓겨나는 경우가 있었습니다. 이런 가련한 여성들이 예수님을 영접하게 되었을 때 우리는 이들의 남편을 찾아가 아내를 다시 받아 달라고 설득하려고 했습니다. 하지만 남편들은 이미 재혼을 해버린 경우가 많았습니다.

비단 이런 문제뿐 아니라 다른 많은 문제들도 쉽게 풀 수 있는 것들이 아니었습니다. 우리는 하나님께 이들을 위한 바른길을 알 수 있는 지혜를 달라고 기도할 수밖에 없었습니다. 깨어진 가정들 때문에 마음 아픈 일이 무척 많았지만, 그런 중에도 예수님을 믿는 가정에서 태어나 자라는 아이들 세대에는 이러한 어려움을 겪지 않을 것이라는 소망을 품었습니다.

하나님은 내게 구약의 한 이야기로부터 지혜를 주셨습니다.

시리아 군사령관 나아만은 엘리사 선지자를 찾아가 기적적으로 문둥병이 낫게 되었고, 이스라엘의 살아 계신 하나님을 믿게 됩니다열왕기하 5장 1~17절. 그러나 그의 조국으로 돌아갔을 때 이교도들의 문화를 접해야 하는데, 이때 어떻게 해야 할지에 대한 고민이 있었습니다. 그는 선지자에게 다음과 같은 말을 합니다.

"오직 한 가지 일이 있사오니 여호와께서 당신의 종을 용서하시기를 원하나이다 곧 내 주인께서 림몬의 신당에 들어가 거기서 경배하며 그가 내 손을 의지하시매 내가 림몬의 신당에서 몸을 굽히오니 내가 림몬의 신당에서 몸을 굽힐 때에 여호와께서 이 일에 대하여 당신의 종을 용서하시기를 원하나이다 하니"18절

엘리사가 나아만에게 명백한 선택을 해야 한다고 말했을 것으로 생

각해 볼 수 있습니다. 하나님을 경배하거나 경배하지 않거나 둘 중 하나를 선택해야 한다고 말입니다. 그런데 성령 충만한 하나님의 사람이었던 엘리사는 다음과 같이 말합니다.

"너는 평안히 가라!"

이 말씀이 우리에게 주는 교훈은 무엇일까요?

엘리사가 나아만의 신실함을 보고 그가 처한 어려운 상황을 이해했을 것이라고 믿습니다. 나아만은 하나님의 선지자로부터 문둥병 치료만 받은 것이 아니라 부으시는 하나님의 은혜를 경험한 것입니다! 이 이야기를 통해서 나는 하나님의 긍휼하심을 새롭게 이해하게 되었습니다.

죽은 자들도 소리쳐 운다

야손과 몇 형제들을 끌어내고 읍장들 앞에 가서 소리 질러 이르되 천하를 어
지럽게 하던 이 사람들이 여기도 이르매… 무리와 읍장들이 이 말을 듣고 소
동하여

- 사도행전 17장 6~8절

옳은 것은 옳기 때문에 행하는 것이 지혜다. 비록 나쁜 결과를 얻는다 해도.

- 알프레드 테니슨 Alfred Tennyson

키르기스 사람들이 망자와 죽음에 대해 갖고 있는 생각들이 기독교
인을 향한 박해의 원인이 되며, 아울러 이로 인해 키르기스 기독교인들
이 많은 어려움을 겪기도 합니다. 키르기스 사람들은 자신이 지금 어디
에서 살고 있는지에 관계없이 40세가 되기 전에는 자신의 고향 땅으로
돌아가고자 합니다. 비록 현재는 고향이 아닌 곳에 살고 있다 할지라도
만약 집을 짓는다면 반드시 고향에 짓기를 원합니다. 현재 당장 그 새
집에 살지 못할지라도 자신들이 인생의 황혼기를 보낼 장소는 고향이

어야 한다고 생각하기 때문입니다.

키르기스인들은 자신이 죽게 되면 반드시 조상들이 묻힌 곳에 묻혀야 한다고 생각합니다. 어떤 사람이 타향에서 생을 마감하게 되더라도, 그의 시신은 반드시 고향 땅으로 돌아와서 그곳에 묻혀야 한다는 것입니다. 그리고 이 장례 문화에 대해서는 대통령이라도 예외가 아닙니다.

키르기스의 장례 문화는 야곱과 요셉의 유언을 생각나게 합니다. 이스라엘 백성들은 출애굽 할 때 이집트 땅에서 요셉의 유골은 가지고 나와서 그들의 조상들이 묻혔던 가나안 땅에 묻게 됩니다. 키르기스인들은 이처럼 자신이 태어나고 자란 고향 땅에 묻히는 것을 당연하게 여깁니다.

장례식을 할 때는 마을 사람들 대부분 참석하는 것이 관례인데, 몰도들은 이 기회를 예수쟁이-그들의 입장에서는 신앙을 판 사람들-들을 비방하는 데 이용합니다. 특히 예수 믿는 사람들은 고향 땅에 절대로 묻히지 못하게 할 것이라고 겁을 주기도 했습니다. 이슬람법에 따르면 기독교인이 무슬림 옆에 묻힐 수 없으므로 기독교인들은 결코 조상의 무덤 옆에 묻히지 못한다는 것이었습니다. 이에 반발한 기독교인들이 그들만의 공동묘지를 만들 수 있도록 땅을 달라고 정부 기관에 요청했지만, 이 요청은 거부되었습니다.

한번은 나린의 중앙 광장에서 무슬림들이 시위를 했는데, 몰도들을 포함한 무슬림들의 압박으로 인해 기독교인 공동묘지를 위한 땅을 달라는 요청이 관청에서 거부된 것입니다. 기독교인들의 요청이 합법적

인 방법으로 이루어졌고 이미 정부 최상위층까지 보고된 상황이었음에
도 말입니다.

여러 성도들의 기도와 수고를 통해 결국 나린에 기독교인 공동묘지
를 위한 땅이 조금 주어졌고 이후 다른 지역에서도 기독교 공동묘지가
몇 군데 생겼습니다. 하지만 장례와 관련하여 기독교인들이 겪는 시련
은 이후에도 계속되었습니다.

참으로 안타까운 것은 신자가 죽을 때마다 언제나 혼란과 폭동이 일
어났다는 것입니다. 신자들의 무슬림 친척들은 그들을 무슬림 공동묘
지에 매장하려고 했지만, 몰도들이 사람들을 선동하여 이를 극렬히 반
대했기 때문입니다. 그래서 장례 때문에 기독교인과 무슬림 사이에 적
지 않은 갈등이 생겼습니다.

땅을 미리 파 두었는데, 장례식 전날 매장지의 구덩이를 메워 놓는 경
우가 있어서 다음 날 아침 서둘러 다시 땅을 판 적도 있었습니다. 또 시
신을 매장한 뒤 문제가 발생하기도 했습니다. 몰도는 매장된 시신을 다
시 파내서 버릴 것이라고 협박하면서 젊은 사람들을 선동해 험악한 분
위기를 만들기도 했습니다. 때로는 몰려드는 시위대를 막아서면서 장례
를 무사히 치르기 위해 경찰의 도움을 받아야 했던 적도 있었습니다.

한편 마을 사람들은 그들의 전통적인 장례식과 별반 다르지 않은—죄
악된 부분만 제거된— 기독교인의 장례식을 보면서 기독교인들이 '러시
아인'이 되어버렸다고 말하는 몰도의 말은 사실이 아님을 알게 되었으
며, 이를 굉장히 고맙게 생각했습니다. 시간이 흐르면서 신자들은 이웃

들의 존경을 받게 되었으며, 몰도들은 장례식을 망쳐버리겠다는 협박 외에는 할 수 있는 것이 없어졌습니다. 때로는 무슬림의 장례식에서 몰도가 기도하기 전에 예수 믿는 사람들을 내쫓아 버리거나 심지어 신자들의 무슬림 친척들조차 내쫓는 일이 발생하기도 했습니다. 그리고 장례식이 끝나면 이런 일을 수치로 여기는 친척들이 신자들을 구타하는 일이 발생하기도 했습니다.

·

그러나 정반대의 일이 일어나기도 했습니다. 한번은 장례식에서 몰도가 공개적으로 자녀가 기독교인이 된 한 어른을 비난하기 시작했습니다. 아버지로서 아들이 예수에 대해 말하지 못하게 해야 한다고 명령했습니다. 그때 그 아버지는 몰도에게 펜을 한 자루 쥐여 주면서 "당신이 쿠란에서 먼저 예수의 이름을 다 지운다면 아들이 그에 대해서 말하지 못하게 하겠소"라고 했습니다. 몰도는 할 말을 잃었습니다. 쿠란에 선지자 예수의 이름이 여러 번 언급되는 것을 잘 알고 있기 때문입니다. 몰도와 기독교인 아버지와의 대결이 그렇게나 쉽게 끝나는 것을 본 군중은 모두 놀랐습니다.

또 한번은 몰도가 한 형제의 친척 집에 방문해서 신자들과 논쟁을 시작했습니다. 그런데 이를 지켜보던 집안 어른이 그를 막아서면서 몰도와 그 형제에게 동시에 질문을 던졌습니다.

"최후의 심판이 존재한다고 생각하나?"

몰도와 형제는 둘 다 그렇다고 대답했습니다. 집안 어른은 또 다른 질문을 했습니다.

"그렇다면 누가 심판하는 것인가?"

민는 형제는 "예수입니다"라고 대답했습니다. 반면에 몰도는 잠깐 할 말을 잃은 듯하다가 "맞습니다. 선지자 예수가 심판하러 돌아올 것입니다. 쿠란에 그렇게 기록되어 있습니다"라고 대답했습니다. 그러자 집안 어른은 더 질문할 것이 없다고 말했습니다. 그는 누구에게 심판을 받을 것이며 누구와 관계를 맺어야 하는지 알게 된 것입니다. 몰도는 창피해하면서 그 집을 떠났습니다.

깡패의 회개

하나님께서 세상의 천한 것들과 멸시받는 것들과 없는 것들을 택하사 있는
것들을 폐하려 하시나니 이는 아무 육체도 하나님 앞에서 자랑하지 못하게
하려 하심이라

- 고린도전서 1장 28~29절

사람들이 예수님께 나아오는 방법은 아주 다양합니다. 아클은 나린
에서 악명 높은 깡패였습니다. 그는 마을의 우범 지역에 거주했는데, 밤
이 되면 그곳 사람들 대부분이 술에 취해 비틀거리며 다녔습니다. 아클
은 그곳에 사는 다른 사람들처럼 술을 많이 마셨고 술에 취하면 난폭해
지곤 했습니다. 그의 아내 베르멧Bermet은 가장 큰 피해자였습니다. 베
르멧은 아클로부터 벗어나려고 여러 번 시도했지만 돌아오지 않으면
죽여 버리겠다는 협박 때문에 어쩔 수 없이 폭군인 남편 옆으로 돌아와
야 했습니다.

하루는 아클이 술에 취한 채 그의 동생 가족이 살고 있는 비슈케크로
가는 길에 칸트 지역의 시장에 들러서 상인들로부터 자릿세를 걷었다

고 합니다. 그러다가 칸트의 깡패들과 싸움이 붙었습니다.

아클은 자신에게 덤벼든 첫 번째 남자를 쓰러뜨렸지만 나머지는 감당할 수 없었습니다. 그는 숨이 끊어지기 직전까지 얻어맞았습니다. 그런데 다행스럽게도 그곳에 있던 그를 아는 나린 출신의 사람들이 아클을 트레일러의 침대에 눕혀주었고, 그곳에서 겨우 몸을 추스를 수 있었습니다.

한편 아클의 동생 아딜렛Adilet과 그의 아내는 얼마 전에 예수님을 영접했습니다. 아클이 온다는 소식을 들은 아딜렛은 형과의 만남이 어떤 결과를 불러올지 많은 걱정을 했습니다. 형이 오면 보드카를 내오라고 할 것이며, 만약 술을 주지 않으면 험악한 일이 일어날 게 불 보듯 뻔했기 때문입니다. 예수님을 막 영접한 아딜렛은 형이 자신의 집에 도착하기 전에 하나님께 간절히 도움을 구했습니다.

그날 저녁 퇴근한 아딜렛이 집에 들어가려고 하는데 집에서 술에 취한 채 시끄럽게 소리 지르는 형의 목소리가 들려왔습니다. 그는 문을 열고 들어가기 전에 다시 간절히 기도했습니다. 역시나 아클은 집에 돌아온 아딜렛을 보자마자 보드카를 내오라고 소리를 질렀습니다. 아딜렛은 아클에게 다가가 그를 끌어안고 말했습니다.

"제가 형님에게 양도, 소도, 개도 먹지 않는 술을 어떻게 드릴 수 있겠습니까?"

아딜렛은 자신이 말하고 나서도 스스로가 놀랐다고 합니다. 아클은 술이 취한 상태였기 때문에 동생이 하는 말을 잘 이해하지 못했습니다.

"너 지금 나한테 독을 먹이려는 거냐? 그런 건 당연히 나한테 주면 안 되지!"

그러자 아딜렛은 차를 먼저 내왔고, 연이어 아내가 정성껏 준비한 식사를 보면서 아클의 화가 약간 누그러졌습니다. 저녁 식사를 마친 후 아클은 잠이 들었고 아딜렛과 아내는 아클을 위해 기도하기 시작했습니다.

다음 날 아침 아클은 몰려오는 숙취를 느끼며 아딜렛에게 "너 어제 나한테 무슨 말을 했었니?"라고 물었습니다. 아딜렛은 형에게 자신이 이제는 술을 마시지 않으며 예수를 믿는다고 말했습니다. 그 말에 아클이 관심을 보였고, 둘은 함께 키르기스 교회에 가게 되었습니다. 아클은 교회에 청년들이 많이 모이는 것을 보고 놀라워했습니다. 그런데 예배가 시작된 후 근처 사원의 물라가 와서 예배를 방해하기 시작했습니다. 아클은 그 물라의 멱살을 잡고 강하게 말했습니다.

"내가 지금 이사^{예수}에 관해서 듣고 싶은데, 너 입 다물지 않으면 후회하게 될 거야."

물라는 너무나 당황해서 곧장 교회를 떠났습니다. 그런 일이 있을 거라고는 상상도 못했기 때문입니다.

예배를 마친 후 예수님을 영접하고 싶은 사람이 있냐는 질문에 가장 먼저 반응을 보인 사람은 다름 아닌 아클이었습니다. 아클과 함께 예수님을 영접하고 싶다고 대답한 사람들은 모여서 기도하기 전에 다시 한 번 복음을 들었습니다. 아클은 기도를 따라 했지만, 자신에게 무슨 일이 일어나고 있는지 모르는 듯했습니다. 집에 돌아온 아클은 동생에게 하나님에 대해 많은 질문을 했습니다. 그리고 그날로부터 술에 대한 생각이 싹 사라졌습니다. 며칠 후 아클은 나린으로 돌아가기로 했는데, 형이 떠나기 전 아딜렛은 형에게 나린의 우리 집 주소를 주었습니다. 당시 우리 집에 머무르던 라캇이 그를 맞을 거라고 말해 줬습니다.

아클은 나린으로 오자마자 곧장 우리 집을 찾아왔습니다. 그는 라캇을 만나서 구원자 예수님을 아느냐고 물었고, 라캇이 안다고 대답하자 "나는 예수님을 영접했는데 아직 그분이 누구인지, 그분이 무슨 일을 하셨는지 잘 모릅니다. 그에 대해 알려 주세요"라고 말했습니다. 아클은 우리 집에서 머물면서 라캇으로부터 예수님과 그가 걸어가신 구원의 길에 대해 자세히 들었습니다.

마침내 아클은 집으로 돌아갔고 그동안 있었던 모든 일을 아내에게 이야기했지만, 그의 아내는 남편이 하는 말을 이해하지 못했습니다. 베르멧은 단지 자신의 남편이 맨정신으로, 그것도 차분하게 얘기하는 것을 놀랍게 여겼습니다. 아클이 더 이상 술을 마시지 않는다는 사실을 알게 된 베르멧은 자녀들을 데리고 산골 마을로 도망쳤습니다. 전에는 남편의 협박 때문에 무서워서 도망갈 수 없었지만, 이제는 그로부터 자유를 얻을 기회가 보였기 때문입니다.

얼마 후 우리 가족이 나린으로 돌아왔을 때 아클이 찾아와서 하소연했습니다. 자신이 술을 끊자 아내가 자신을 떠났다고 말했습니다. 나는 이것이 놀라운 일이 아니라고 말했습니다. 아클이 오랫동안 아내를 힘들게 했기 때문이라고 했습니다. 그렇지만 아클은 아직 살아 있으며, 지옥에 떨어지지 않은 것에 감사해야 한다고 말했습니다.

시간이 흐르면서 아클의 믿음과 예수님을 향한 사랑은 더욱더 커져 갔는데, 아클의 삶이 변하면 변할수록 아내는 점점 더 단호하고 차갑게 남편을 대했습니다. 그녀는 친척들이 사는 마을에서 살면서 이혼 서류를 보내왔습니다. 아클은 하나님이 무슨 일을 하시려는지 도무지 이해할 수 없다고 했지만, 우리는 그래도 계속 하나님을 신뢰할 것을 권고하고 격려했습니다.

당시 아클은 고기 가공처리 공장에서 일하고 있었고, 자신이 받는 월급의 거의 전부를 아내에게 보냈습니다. 이혼한 후 베르멧은 아클을 집에서 쫓아냈고, 아클은 어쩔 수 없이 술꾼이었던 자신의 아버지 집에서 얹혀살게 되었습니다.

아클은 계속 열심히 일하면서 월급 대부분을 자녀 양육비로 보냈고, 그의 믿음도 계속 자라갔습니다. 또한 죄악 가운데 빠져 살았던 지난날에 대해 깊이 반성하면서 아주 겸손한 사람이 되었습니다.

그로부터 1년이 지난 어느 날 아클은 아내로부터 편지를 받았습니다. 그 편지에서 베르멧은 자녀들이 아클을 많이 그리워하기 때문에 아이들을 보러 오라고 했습니다. 이 소식을 들은 아클은 뛸 듯이 기뻐했고, 우리도 너무나 기쁘고 감사했습니다.

아클은 가족을 만나러 가면서 가방 가득 간식과 선물을 챙겨갔습니다. 그는 그곳에서 가족들과 함께 며칠을 보냈습니다. 그리고 떠나기 전날 아내 베르멧은 아클에게 다시 한 번 더 오라고 말했습니다. 베르멧은 그동안 친구들을 통해 아클의 변화된 삶에 대해 들으면서 미워하는 마음도 점점 사라져가고 있었습니다.

그 후에도 아클은 몇 번 더 가족을 방문했으며, 결국 얼음 같았던 베르멧의 마음이 녹아내리고 말았습니다. 몇 달 후 형제들의 도움으로 아클의 가족은 다시 나린에서 함께 살게 되었습니다. 그리고 얼마 후 아클과 베르멧은 다시 혼인 신고를 했습니다.

하나님이 원하시는 삶을 살고 싶었지만, 말씀에 대한 지식이 많지 않았기 때문에 어떻게 하는 것이 옳은지를 어려워하는 아내 베르멧에게 아클은 이렇게 말했습니다.

"내가 하는 대로 다 따라 하세요. 그리고 내가 하지 않는 것은 당신도 하지 마세요."

이 얼마나 멋진 모습입니까?

한번은 아클이 지역 방송을 탄 적이 있었는데, 그의 아버지와 친척들이 아클을 축하하러 왔습니다. 아버지와 친척들은 식사가 끝난 이후에도 자리에서 일어서지 않았는데, 사실은 보드카가 나오기를 기다린 것입니다. 베르멧은 아클이 자신의 아버지에게 예의상 술을 따라 드리지 않을까 하면서 남편을 조심스럽게 쳐다보았는데, 아클은 친척들의 꾸지람에도 불구하고 보드카를 끝내 내오지 않았습니다. 결국 친척들은 보드카를 마시지 못한 채 아클의 집을 떠나야 했습니다.

다음 날 베르멧의 부모님과 친척들이 나린으로 내려왔습니다. 역시나 그들도 보드카를 대접받지 못했습니다. 그다음 날 아클이 출근하자 베르멧의 아버지가 딸에게 보드카를 달라고 했습니다. 그러나 베르멧은 남편이 하지 않는 일은 자신도 할 수 없다며 보드카를 내오지 않았습니다. 베르멧의 부모는 딸과 사위의 태도를 굉장히 놀라워하고 변화된 삶의 모습을 신기하게 여긴 나머지, 많은 질문을 쏟아 냈습니다.

사실 베르멧은 곧바로 예수님을 영접하지 않았습니다. 믿는 형제들이 아클의 집을 방문하면 베르멧은 다과상을 내온 후 옆방에 가서 앉아 있었습니다. 그런데 시간이 흐를수록 그녀가 앉은 의자가 점점 문 쪽으로, 즉 남편과 손님들이 앉은 쪽으로 가까이 오게 되었습니다. 하나님과 말씀에 대한 관심이 베르멧의 마음속에서 커져만 갔기 때문입니다. 결국 아클에게 마음이 열린 것처럼 아클의 인생을 급격하게 바꾸신 하나님의 말씀에도 베르멧이 마음을 열게 되었습니다.

아클의 가정은 여러 가지 시험을 겪게 되지만, 하나님은 신실하게 이 가정을 지키셨습니다. 그가 겪었던 많은 시험 가운데 하나를 다음 장에서 소개하겠습니다.

금의 유혹

유혹은 영혼이 자고 있을 때 지성의 꾀임에 넘어가는 것이다

– 생텍쥐페리

소련의 붕괴 이후 아클이 일하던 고기 가공처리 공장을 포함한 많은 공장들이 문을 닫았습니다. 전 국가적으로 실업률이 가파르게 오르고 있었습니다. 얼마 후 아클은 금광에서 일하게 되었는데, 일은 무척 힘든 데다 작업 환경도 매우 열악했습니다. 채광되어 트럭에 실려 온 원석을 일일이 큰 망치로 내리쳐서 부숴야 했고, 부서진 원석을 삽으로 떠서 분쇄기에 넣은 후 물에 씻어 금을 찾는 식으로 작업하는 금광이었습니다. 근무를 마치고 교대할 때마다 모든 사람이 철저히 몸수색을 당했는데, 금을 훔쳐 나가는 사람이 없도록 하기 위함이었습니다.

아클은 기독교인인 데다 굉장히 정직한 사람이었기 때문에 경찰과 보초를 서는 직원들의 신뢰가 높았습니다. 심지어 교대를 마친 아클의 몸은 수색하지 않을 정도였습니다. 가끔 다른 직원들이 그에게 금을 갖고 나가서 나눠 갖자라는 제안을 했지만, 아클은 미소만 지을 뿐 어떤

제안도 받아들이지 않았습니다.

어느 겨울 아클은 추운 날씨 가운데 일하면서 감기에 걸렸는데, 빨리 치료하지 않아 축농증이 되었고 이내 곧 수술을 받아야 하는 상황이 되었습니다. 당시 병원에는 약이 부족했기 때문에 아클은 마취 없이 수술을 받아야만 했습니다. 수술을 받은 후 아클은 코가 너무 아파서 며칠 간 잠을 제대로 이룰 수 없었습니다. 아클은 한 달 후에야 다시 금광으로 돌아올 수 있었습니다.

그런데 몇 주가 지난 후 아클은 다시 코에서 통증을 느끼게 되었습니다. 하루는 야간 근무를 하면서 바위를 망치로 부수고 있었는데, 그때 그의 눈에 노란 무엇인가가 들어왔습니다. 손톱 만한 크기의 금이었습니다. 아클은 어두운 금광 안에서 바위에 파묻혀 있는 금을 어떻게 발견하게 된 것인지 스스로도 놀라웠습니다.

아클은 재빨리 조그만 금을 집어 들었는데, 그 순간 유혹이 몰려오는 것을 느꼈습니다. 마음 한구석에서 유혹의 목소리가 들려왔습니다.

'하나님이 너의 딱한 사정을 아시고 도우시는 거야! 짓고 있는 집도 완공하려면 아직 돈이 많이 필요하고 집에는 임신한 아내가 있지 않아? 축농증 때문에 약도 필요하잖아? 진통제 살 돈이 없어 얼마나 고생했는지 잊었어? 이 금을 갖고 나가면 많은 돈을 받을 수 있을 거야. 어쩌면 그동안 몸수색을 당하지 않게 하신 분도 하나님이지 않을까?'

그 순간 아클에게 영화 「예수 Jesus」의 한 장면이 떠올랐습니다. 예수님이 들판에서 사탄에게 시험을 당하시는 장면이었습니다. 사탄은 예수님에게 여기 있는 돌들을 빵으로 만들어 보라고 말했습니다. 아클의 상황과 너무나 비슷했습니다. 아클은 예수님의 대답도 떠올렸습니다.

"기록되었으되 사람이 떡으로만 살 것이 아니요 하나님의 입으로부터 나오는 모든 말씀으로 살 것이라 하였느니라… 사탄아 물러가라"

영화에서 예수님은 들고 있던 돌을 땅바닥에 던졌습니다. 아클은 영화 속 예수님의 대사를 반복하면서 손에 있던 금을 분쇄기에 던져 넣었습니다. 마침내 아클은 유혹을 이겼고 사탄은 물러갔으며 하나님이 주시는 평화가 그의 마음을 가득 채웠습니다.

근무가 끝나고 밖으로 나오려는데 경찰이 직원들의 몸을 수색했습니다. 그런데 그날 근무했던 사람들은 새로운 경찰들이었습니다. 새로 부임한 경찰들은 모든 광부들의 몸을 철저히 수색했습니다. 만약 아클이 주운 금을 챙겼다면 곤경에 처했을 것입니다. 국가 소유의 금을 훔친 대가로 수년간 감옥생활을 했을 수도 있습니다.

아클은 집에 돌아와서 그날 있었던 일을 가족과 교회에서 나눴습니다. 우리는 함께 하나님을 찬양했고, 유혹을 이기는 승리를 주심에 감사드렸습니다.

하나님은 이 귀한 믿음의 가정에 많은 은혜를 부어 주셨으며, 아클의 가정은 이웃들에게 복을 흘려보내는 사람들이 되었습니다. 길거리에 고아들이 많은 것을 본 아클과 베르멧은 여러 명의 고아들을 키우기 시작했습니다. 얼마 지나지 않아 그 숫자가 굉장히 많아졌고, 이후 아클의 집은 아이들을 위한 보육원이 되었습니다. 나아가 아클은 나린의 감옥들을 방문해서 수감자들에게 복음을 전했습니다.

노인과 구름

하나님은 피난처를 약속하시지, 순탄한 항해를 약속하지 않으신다.

– 야코프 레벤의 『씨 뿌리기』 중에서

예수님을 영접하고 삶이 변하는 자녀들을 보면서 차츰 그 부모들도 하나님을 믿게 되었습니다. 한번은 시골 마을에 사는 한 노인이 자신의 아들 아만을 통해서 마을을 방문해 달라고 부탁했습니다. 그곳에 도착했을 때 나를 초청한 세이트 아바Seit-ava는 마을 밖까지 달려 나와 환영해 주었습니다. 그는 나를 보자마자 껴안고 입을 맞췄습니다. 이런 환영에 매우 놀랄 수밖에 없었습니다. 세이트 아바가 이전에 나린에 살았을 때는 자녀와 손주 한 명씩 예수를 믿게 된 것에 대해 강한 불만을 드러내면서 나를 혼냈기 때문입니다.

세이트 아바에게 진리를 전하려고 여러 차례 노력했지만, 늘 자신을 가르치기에는 내가 너무 어리다며 핀잔을 주곤 했습니다. 그래서 왜 내가 믿는 신앙이 나쁘다고 생각하느냐고 물었는데, 그는 신앙 그 자체를 나쁘다고 생각하지는 않는다고 했습니다. 그의 자녀들 모두 착하게 살고 있으며, 부모를 공경했기 때문입니다. 다만 자녀들이 더 이상 쿠란을 읽지 않으니 자신이 죽었을 때 자녀들이 쿠란과 무슬림 기도문을 읽어 주지 않아서 문제가 생길 것이라고 했습니다.

그 후 세이트 아바가 시골 마을로 이사 가서 한동안 볼 수 없었는데 이렇게 다시 만나게 되었습니다. 자녀들로부터 세이트 아바가 복음에 관심을 가지기 시작했다는 말을 듣긴 했지만, 세이트 아바를 만나는 것이 약간은 긴장되었습니다. 그는 키가 크고 하얀 수염은 숱이 많아 풍성했는데 언뜻 아브라함이 연상되는 모습이었습니다.

방에 앉아서 그가 먼저 이야기를 꺼낼 때까지 기다렸습니다. 그런데 이 기다림은 굉장한 인내를 요구하는 것이었습니다. 느림의 미학이 제대로 통용되는 시간이자 장소가 되어야 했습니다. 우리는 먼저 그의 자녀들과 손주들과 함께 차를 마셨습니다. 그런 뒤 세이트 아바는 자신의 정원과 별채 그리고 소떼를 보여줬습니다. 그리고 온 가족이 지켜보는 앞에서 전통적인 방식으로 양을 잡았습니다. 젊은 청년들이 양을 도축하고 요리를 하고 있을 때 세이트 아바는 두 마리의 말에 안장을 얹어 제게 끌고 나왔고, 우리는 말을 나눠 타고 산등성이로 나갔습니다.

이제 그가 자신의 고민을 털어놓을 것이라고 생각했지만, 연소자로서 먼저 질문할 수 없었습니다. 우리는 들판에서 말을 타다가 집으로 돌아왔습니다. 마당에서는 맛난 음식이 준비되고 있었고, 우리를 위한 식탁이 차려지고 있었습니다.

식사의 마지막 순서인 베쉬바르막을 먹고 난 뒤 노인을 쳐다보았는데, 눈가에 눈물이 고여 있었습니다. 친척들은 눈치를 살피다가 자리를 피했고, 이윽고 나와 세이트 아바만 남았습니다. 세이트 아바는 손수건을 꺼내더니 슬쩍 흐르는 눈물을 닦았습니다. 마침내 그가 말하기 시작했습니다.

"내 아들 안드레이, 나도 이제 구원자 예수를 믿네."

이 말을 한 후 그는 다시 흐르는 눈물을 닦아 내기 시작했습니다. 나는 그를 꼭 안아드렸는데, 내 마음속에는 말할 수 없는 기쁨이 흘러넘쳤습니다. 세이트 아바는 이전에 나를 혼냈던 것에 대해서 용서를 구하면서 자신이 어떻게 예수님을 영접하고 구원의 확신을 얻게 되었는지 들려주었습니다.

사실 오래전부터 세이트 아바는 예수님을 믿고 예수님께 기도했다고 합니다. 그러나 예수님이 자신의 죄를 씻은 것이 맞는지 의심이 되었습니다. 하루는 정원에 앉아 있었는데, 여름이라 비가 오지 않아서 정원의 흙이 몹시 건조했습니다. 그 순간 지평선에서 넘어오고 있는 작은 구름을 보게 되었고, 그는 구름을 보면서 비를 기대하게 되었습니다. 그런데 곧 바람이 불더니 구름을 산골짜기 너머로 몰아가 버렸습니다. 세이트 아바는 기도하기 시작했습니다.

"예수님, 당신이 나를 용서하셨다는 증거를 기적으로 보여주십시오. 저 구름이 다시 여기로 돌아와 비를 내리게 해주세요. 만약 비가 내리면 나의 구원에 대해서 더 이상 의심하지 않겠습니다."

그 순간 갑자기 풍향이 바뀌더니 멀리 사라졌던 구름이 다시 몰려오기 시작했습니다. 그리고 불과 몇 분 후에 빗줄기가 거세게 내리기 시작했습니다. 노인은 내리는 비를 보며 하염없이 울었고, 눈물이 비와 섞여서 그의 얼굴을 적셨습니다. 그 순간 이후로 세이트 아바는 자신의 구원을 의심하지 않았고, 이 놀라운 일을 주변 사람들과 나누기 시작했습니다. 그의 간증을 들은 많은 노인들이 이후 하나님께 나아오게 되었습니다.

그의 온 가족이 예수님 안에서 구원받게 된 것이었습니다. 세이트 아바의 아내는 얼마 전에 죽었지만, 죽음의 순간이 오기 전에 예수님을 영접할 수 있었습니다. 그런데 세이트 아바가 죽었을 때 장례 절차를 진행하는 데 많은 문제가 생겼습니다. 무슬림들이 밤사이 그의 묘를 위한 구덩이를 메워 놓았기 때문에 그곳에 장사를 지내지 못하고 자녀들과 친척들이 어렵게 구한 산 정상 부근에 매장될 수 있었습니다.

오늘날 많은 그리스도인들이 죽어서 그곳에 묻힙니다. 살인자든, 자살한 사람이든, 도둑이든, 강도든 누구든지 마을 공동묘지에 묻힐 수 있습니다. 하지만 거룩한 사람은 높은 산에 묻히는 거라고 사람들은 말합니다.

하나님의 손이 보호하십니다

어떤 때는 잃는 것이 얻는 것보다 더 유익합니다.

이리나의 건강 문제 때문에 독일에서 살다가 1998년에 우리는 다시 키르기스스탄으로 돌아와 이식쿨에 정착했습니다. 독일에 있는 교회가 이식쿨 사역을 위해서 우리를 후원해 주었습니다. 우리는 1993년까지는 리바치에Rybachye로 불리던 이식쿨 호수 옆 발릭치Balykshi; '어장'이라는 의미에 정착하게 되었습니다. 친구들은 우리 가정이 이전에는 요단강나린강에 살다가 이제는 게네사렛 호수이식쿨 호수에 산다며 농담하기도 했습니다.

발릭치 외곽에 위치한 집에 세를 들어 우리 가족 다섯과 친구 다섯 명이 함께 대가족을 이루어 살았습니다. 우리 가족과 함께 살았던 친구들은 루슬란Ruslan과 아이다Aida 부부, 고아로 자란 나디야Nadiya, 나린에서 온 마리앙카Marianka와 이웃이었던 나즈굴Nazgul이었습니다. 아이들은 대가족을 이루어 사는 삶을 굉장히 즐거워했고, 그래서 우리 집에는 늘 웃음꽃이 가득했습니다.

우리는 키르기스스탄의 아름다운 자연을 사랑했으며, 이 민족을 너무나 사랑했습니다. 가을에 야생 베리를 줍거나 때로는 산에 올라가 밤을 보내면서 모닥불에 둘러앉아 대화를 나누는 행복한 시간을 즐겼습니다.

친구들도 자주 집에 놀러 왔습니다. 알버트Albert라는 독일 이름을 가진 키르기스 형제와 우작Uzak, 자닐Djanyl, 벨레스카Beleshka, 막내아들 알렉스알렉산더의 애칭의 선생님이었던 아이누라Ainura 등 많은 친구들과 함께 행복한 시간을 보낼 수 있었습니다.

어느 주일 나는 몇몇 형제들과 함께 마을 밖에 나가 있었고, 이리나와 친구들도 모두 집 밖으로 나와 있었습니다. 아들 알렉스는 그때 7살이었는데, 혼자 집에 남아 있고 싶어 했습니다. 아무도 없는 집에서 알렉스는 배가 고파서 부엌에 갔습니다. 그 순간 알렉스는 방 안에서 누군가가 걷는 소리를 들었습니다. 알렉스가 살금살금 그 방문으로 다가가 보니 도둑이 등을 돌리고 물건을 훔치고 있었습니다. 창문으로 들어왔던 것입니다.

도둑이 집을 털고 있는 동안 알렉스는 조심스럽게 마그달레나의 방에 들어가 옷장에 숨었습니다. 그때 알렉스의 눈에 마그달레나의 카세트 플레이어가 들어왔고, 누나가 가장 좋아하는 테이프가 카세트 플레이어에 들어 있다는 사실이 생각난 알렉스는 그 테이프는 빼앗기면 안되겠다는 생각에 살금살금 나와서 테이프를 챙기고 다시 옷장에 숨었습니다.

알렉스가 얼른 몸을 숨긴 바로 그 순간 도둑이 마그달레나의 방에 들어왔습니다. 그는 카세트 플레이어와 다른 물건 몇 개를 집어 들고 옷장을 뒤져 보지는 않은 채 방을 나갔습니다. 여유 있게 온 집 안을 뒤지면서 가져갈 물건들을 다 챙긴 도둑은 들어왔던 창문으로 유유히 사라졌습니다.

밖이 조용해지자 알렉스는 숨어 있던 곳에서 나와서 우리 부부의 안방으로 들어간 후 문을 걸어 잠겄습니다. 그제야 두려움이 막 몰려오기 시작한 알렉스는 무슨 일이 일어난 것인지 이해하기 시작했습니다.

집에서 그런 엄청난 일이 벌어지던 순간 갑자기 아들 알렉스가 염려된 이리나는 모임을 하던 중 아들을 위해 조용히 기도하기 시작했습니다. 그리고는 모임이 끝나기 전에 서둘러 집으로 돌아왔고 안방 문을 잠그고 있는 알렉스를 발견했습니다.

알렉스가 어떤 일이 있었는지 얘기했을 때 이리나와 친구들은 하나님이 알렉스를 보호하신 것에 큰 감사를 드렸습니다. 이 이야기를 전해 들은 나도 하나님의 보호하시는 손과 아들이 다치지 않은 기적과 같은 일에 대해 감사했습니다.

나중에 알게 된 사실이지만, 그 도둑은 탈옥수였고 살인죄로 기소된 사람이었습니다. 경찰은 그를 꽤 오랜 시간 동안 찾고 있었다고 합니다. 우리는 스스로의 힘으로는 자신을 지킬 수 없다는 것과 하나님의 보호하심이 반드시 필요하다는 사실을 깊이 깨달았습니다.

발릭치에서의 삶은 1년으로 끝났습니다. 우리가 다시 독일로 돌아가 야 했기 때문입니다. 그러나 키르기스 교회와 지속적으로 연락하면서 긴밀한 관계를 이어 나갔고, 할 수 있는 한 최선을 다해 그들을 도왔습 니다. 소련의 해체 이후 국경이 열리게 되면서 키르기스스탄을 자주 방 문할 수 있게 된 것은 정말 감사한 일입니다.

지금도 키르기스스탄의 외딴 산골로 가서 그리스도 안에 있는 형제 자매들을 만나는 것을 큰 기쁨으로 생각합니다. 그들이 하나님과 동행 하고 있다는 이야기를 들려줄 때면 시간 가는 줄도 모르고 기쁨과 감 사한 마음으로 듣고 있는 자신을 발견하게 됩니다. 때로는 모닥불 가에 둘러앉아서, 때로는 추운 겨울밤 따뜻한 차를 함께 나누며 보내는 이 시간들이 우리 모두에게 너무나 소중합니다.

하나님께 도우심을 구하며 하나님이 나를 키르기스 선교사로 부르신 이야기를 짧은 글에 담아 보았습니다. 나는 이 책에 소개된 이야기들이

아시아 민족의 부흥 역사의 시작일 뿐임을 믿으며, 추수해야 할 영혼들
이 우리 앞에 수없이 있음을 믿습니다.

눈보라가 잦아든 크리스마스이브
나린, 외딴 산골 마을에
베들레헴 별이 하늘 위에 떴네
이곳 사람들은 구원자를 찾았고
양떼와 짚단, 목초지와 양치기들은
변함없는 모습이지만
새로운 시대가 시작되었음을 믿네

무슬림이 그리스도께로 나아왔고
희미한 석유 난로 불빛에
인질성경을 읽는
악사칼나이 많은 남성. '하얀 수염'이란 뜻으로 공동체의 어른 · 장로를 의미한다.

동방박사들이 아기를 바라보았듯이

도로와 산길에

유르트와 눈 덮인 마을에서

천사들은 톈산산맥을 넘어 노래하네

"키르기스에 평화와 모든 이에게 행복을!"